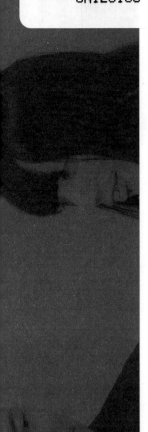

AMINOGE Nº 133

Cover PHOTO:
Sachiko Hotaka

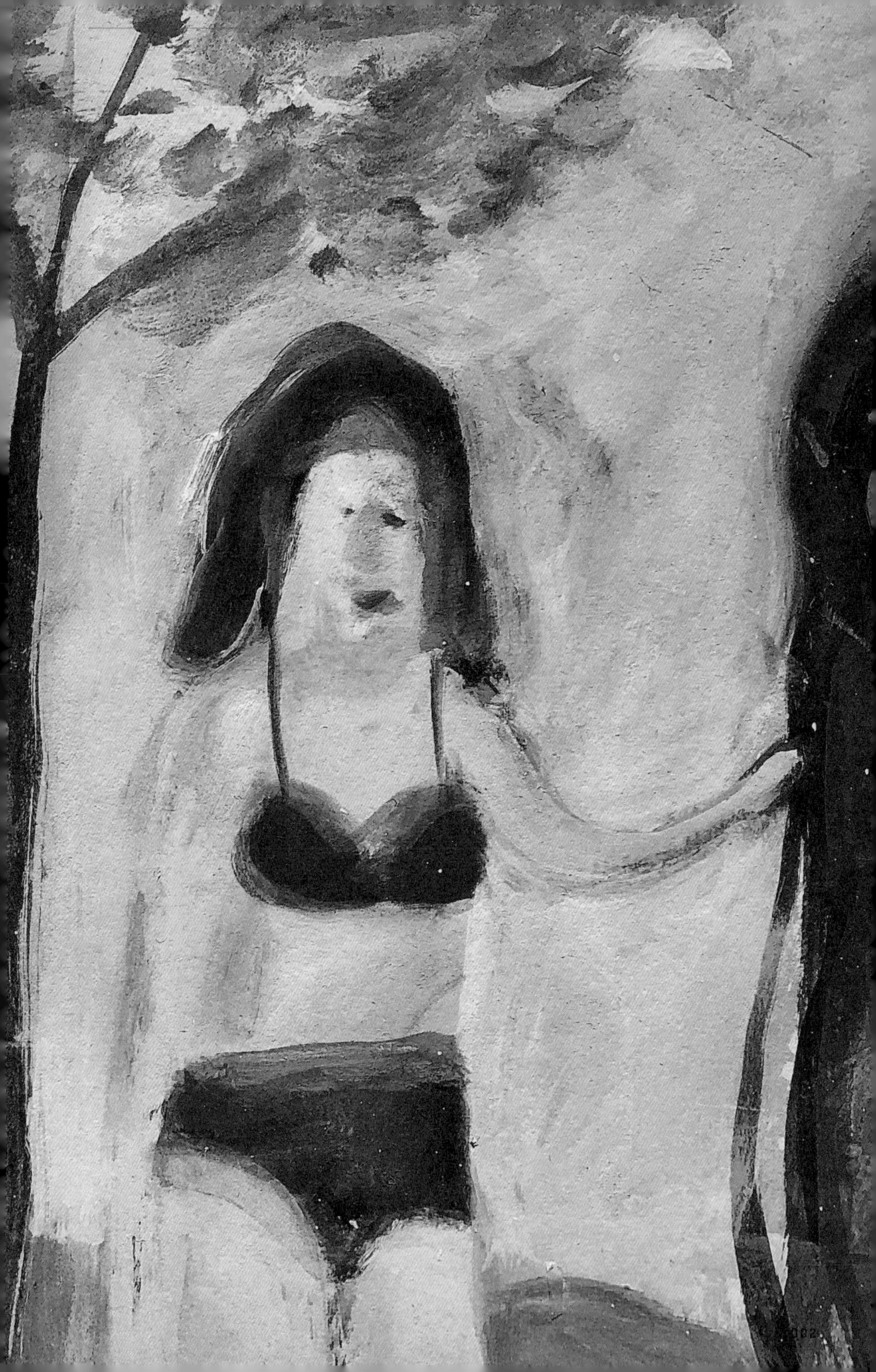

PETIT KASHIMA

俺の人生にも、一度くらい幸せなコラムがあってもいい。

VOL.132

「フワちゃんを考える」

プチ鹿島

プチ鹿島（ぷち・かしま）1970年5月23日生まれ。芸人。『ヤラセと情熱 水曜スペシャル「川口浩探検隊」の真実』（双葉社）ついに発売しました。

プロレスの魅力のひとつは、仲間とワイワイ語り合うことでもある。あの試合をどう見たか、次のビッグマッチのカードは？「ミステリアスパートナー」の正体は誰だ？などなど、あーでもないこーでもないと語り合う。その時間が至福です。

本誌『プロレス社会学のススメ』というコーナーで私は斎藤文彦さんと堀江ガンツさんと毎回トークしている。おふたりはプロだからプロレス仲間と呼ぶのは失礼だけど、ファン代表の私からすればたまらない時間なのだ。たとえて言うなら、皆で話すことで触発されてその場で考えや見立てが浮かんだり進んだりする。そういう瞬間が楽しい。

『プロレス社会学』の前回のお題は「猪木不在時代の始まりと平成プロレスの最終回」であった。今後の「プロレス」は私たちの知っているものから大きく変わっていきそうな気がするという語り合いから「フワちゃんプロレスデビュー」の話題になった。あの試合を放送した『行列ができる法律相談所』（日本テレビ系）のスタジオゲストには武藤敬司がいた。そのあとガンツ氏は武藤さんからフワちゃんデビュー試合の寸評を聞いたという。武藤曰く「あれ、女子プロのタイトルマッチと遜色ない試合をやってるんだよ」と。そのうえで「ということは、フワちゃんの努力や才能もあるけど、そういうことができるシステムができあがってるってことだ」と語ったという。

武藤敬司が培ってきたプロレスラーの技量とは、世界中どこへ行っても誰とでも試合ができるというものだった。けれど「これからのプロレスはフワちゃんみたいにその演目をいちばん綺麗にやる人がグッドワーカーって言われるような時代になるかもしれねぇな」というのだ。斎藤文彦さんはすかさず「武藤さんの分析が正しい」と述べた。この分析についての語り合いはおもしろかったなぁ。考える悦びをもらった。

皆で語り合ううち、そういえばと私が思い出したのが『スターかくし芸』だった。

日本のお正月の定番だったフジテレビの名物番組である。フワちゃんのプロレスはまさに『スターかくし芸』だったのではないか？　そう思えてならなかったのである。フワちゃんのプロレスを「かくし芸」と言うとネガティブな評価だと思う方もいるかもしれないが逆である。フワちゃんが素晴らしかったからである。あの頃、『スターかくし芸』は見せどころとして「過程」にも力を入れていた。いかに厳しい稽古をし、ストイックに臨んだかという稽古期間も視聴者に可視化していた。

演目のプロがタレントにつきっきりで指導する毎日。どう見ても過酷であった。迎えた本番ではスタジオもお茶の間も緊迫感があるなかでタレントは見事に成果を見せてくれた。「ああ、今年もマチャアキ（堺正章）は凄いな」とお茶の間が感服した。紛れもない真剣勝負を見せていたのである。だからフワちゃんはあの日『スターかくし芸大会』を見せてくれたのだ。私にはそう思えてきた。マチャアキに演目のプロが指導したように、フワちゃんを支えた演目のプロはスターダムの選手であった。そしてスターダムもテレビのゴールデンタイムで自分たちをプレゼンをしたのだとも言える。チーム一丸となってプロレスを世間に見せつけたのだ。

さてその後日、出版社の人と話をしていたらフワちゃんの試合の話になった。先述した武藤さんの「システムができあがってる」という分析を言うと編集者は「その見立てを聞いてつながった話がある」と言う。それは、飲み屋が多いある場所で最近新しい店舗が目立ち、よく見るとビール会社が店舗のデザインや運営に携わっていることに気づくことだった。飲食店にビールを入れてもらうという営業だけでなく、丸ごと運営側に携わる。そこで自分たちのビールを出す。これが武藤敬司の「システムができあがってるってことだ」と通じるのではないか？　との感想だった。そう考えていくとそのシステムは大手だからこそできるのでは？　という視点も浮かぶ。フワちゃんをデビューさせたスターダムもプロレス界の中では勢いがあり、ブシロード傘下で資本も大きい団体だ。だから安定のプレゼンもできて仕掛けもできるのだろう。プロレス界のことを考えると頼もしい。

一方で安定のシステムがないものを見るのもプロレスファンは好きだ。大将の腕一本でいちから立ち上げる居酒屋にはあいかわらず魅力を感じる。クセがあるほどたまらない。応援したいと思う。フワちゃんのデビュー試合が成功したことによってチーム一丸の「システム」の優秀さが披露されたことで「ぎこちなさ、カタさがリアリティを生むようなプロレスはだんだんなくなっていくでしょうね」と斎藤文彦さんは前号で語ったが、そういうプロレスもまだまだ見たい！　自分でも贅沢な希望を言っていることはわかる。でもいろんな挑戦が許されるのもプロレスというジャンルの大らかさである。

フワちゃんの挑戦も見事、無名の新人として孤独から一発を狙う挑戦も見事。さまざまな人間模様を今年もマットに叩きつけてください。見させていただきます。仲間とワイワイ語り合います。

THE

他人を見るな、自分を見ろ。It's Only Rock'n Roll!!

収録日：2022年12月7日
撮影：保高幸子
聞き手：井上崇宏

KAMINOGE
MOUNTAIN BANANA

［ザ・クロマニヨンズ］

甲本ヒロト

「世間の誰が見てもわかる価値観と
自分たちを並べて高尚なものとして
上げようとすることは
逆に矮小化して貧乏くさくさせる。
プロレスやロックンロールにはもともと
評価を測る物差しがないところが
魅力的でカッコいいいんじゃないか」

「あの猪木ボンバイエがかかるだけで、ただそれだけで、何もいいことがなかったとしても1日がオッケーだった」

甲本　そっか、『KAMINOGE』か。もうなんの緊張感もないよね。

――えっ！（笑）。それはどっちの意味で捉えたらいいですか？

甲本　自分の顔を見た途端に緊張感がなくなった（笑）。近所で立ち話をするような感覚ですよ。

――そういうわけで、今日もよろしくお願いします（笑）。

甲本　よろしくお願いします。

――まず、アントニオ猪木さんが亡くなられました。

甲本　ですね。

――知ったときはどうでした？

甲本　あのね、ボクはチャック・ベリーが亡くなったときにひとつ免疫ができていたんですよ。ジョー・ストラマーが（2002年に）亡くなったときは誰にも言わずにひとりで号泣したんですけど、（2017年に）チャック・ベリーが亡くなったときはもうあきらめた。「人間って死ぬんだな」っていう。というのも、ボクはチャック・ベリーは死なないって本気で信じていたから。サンタクロースを信じたことはないけど、チャック・ベリーは死なないと思っていたんだよ。だから死んじゃったときに「ああ、神も死ぬんだ……」と思った。だから猪木さんが亡くなったときも、猪木さんが先だったらショックだったかもしれないけど、チャック・ベリーが先に逝っていたからだいぶ受け入れられたんだよね。

――それで言うとボクの場合、業界の中で1回、「猪木さんが亡くなった」っていう誤報が流れたんですよ。

甲本　誤報？　それはどれくらい前に？

――2021年の3月に。そこでひとりでひと泣きしちゃって、数時間後に間違いだったとわかるんですけど、変な話、「あっ、アントニオ猪木が死んだときに俺はこういう感じになるんだ」っていうのを1回やっちゃったんですよ。

甲本　なるほど。予行練習があったわけだね。急に話が変わるけど、運動会でも予行練習ってやる意味ないよね、あれ。小学校のときにやってなかった？

――何度もありましたよ。

甲本　あれの意味がよくわからなくてさ。あそこで本気で走っちゃったら勝負はもうついちゃっているわけだから。

――予行練習なのにすでに緊張しているし（笑）。

甲本　コンサートで言う「ゲネプロ」っていうやつなんですけど、あれの意味はねえなと思ったな。

――それこそ卒業式なんかも毎日のように予行練習がありましたよね。なんで毎日名残惜しそうな顔をしてなきゃいけないんだと（笑）。

甲本　あった、あった。中学のときに卒業証書を渡す練習があって、生徒全員が行くわけじゃなくて何人かが代表で壇上に上がって受け取るんだけど、スカートが短い女のコがいてパンツが見えそうだったのね。

――壇上でお辞儀をするときに。

甲本　うん。そこを凄く指摘されて、生徒の中で「パンツが見えないように気をつけよう」っていうふうになって。「あっ、予行練習をやるってこういうことなんだな」って（笑）。

――アハハハハ。初めて予行練習をやる意味を見出せたと（笑）。

甲本　うん。そういうのはあったけど、誰のパンツも見えないときは予行練習なんか必要ないと思うんだよね（笑）。

――とにかくアントニオ猪木は我々の人生を豊かにしてくれて、おおいに楽しませて熱狂させてくれた英雄のひとりですよね。

甲本　そうです。ボクがいちばん感謝するのは自分を楽しませてくれた人、熱狂させてくれた人。そういう人には感謝しかないです。

――もう小学生の頃から熱狂させられっぱなしでしたから。

こっちは何もしていなくて、観ているだけなのに本気で喜んだり、キレたりするっていうのがとにかく凄いですよね。

甲本　もうみんなスイッチを持っちゃっていたんだよね。「猪木スイッチ」を。人生のどこかで猪木スイッチを自分の中に入れちゃっていて、だってあの猪木ボンバイエがかかるだけで、ただそれだけで1日がオッケーじゃないですか。何もいいことがなかったとしても、どっかであれがかかったらそれで自分の1日はオッケーだし。だからどんな興行を観に行っても、たとえその日の試合が「あれ？　なんか思ったのと違ったな……」となったとしても、猪木さんのテーマが流れて、猪木さんが出てきて「1、2、3、ダーッ！」ってやるだけでチケット代の元を取ってるんですよね。「ああ、来てよかった」って。あのスイッチってなんだったんだろ？（笑）。

――興行として考えたら強烈な保険ですよね。

甲本　そうそう。担保されているよね。

――「あんまりおもしろくねえけど、動く猪木を生で観られるからいっか」って（笑）。

甲本　引退しようがスーツ姿でいいんだもん。それって凄いことだよ。そんな人はいない。そのうち「あっ、井上くんがインタビューに来てくれた！　わーっ！」っていう井上スイッチができるかもしれない（笑）。

――やめてください！　ここからボクにもそんなピークが

やってきますかね（笑）。

甲本　それでみんなが「よし、しゃべるぞー！」ってなるっていう（笑）。

「みんなを受け入れるだけのデカい器があったような気がする。もしかしたら永ちゃんもそういう種類の人かもしれない」

――ヒロトさんは、アントニオ猪木は日本プロレス時代からですもんね。

甲本　そうだよ。ＢＩ砲だもん。でも日本プロレスの頃から猪木さんってどこかやんちゃなイメージがあったんですよ。やっぱりジャイアント馬場さんのカウンター的な見え方をしていたもん。馬場さんがあまりにも、あの人は何をしなくても正統派のオーラを醸し出すじゃないですか。「こっちが主流ですよ」っていう空気を最初から持っているじゃない。あれも意味がわからないけど（笑）。

――わからないことだらけですね（笑）。

甲本　そうすると子どもながらにそこに猪木さんがいるとカウンターに見えるんだよね。もちろん猪木さんもベビーフェイスなんだけど、ちょっと反則もする、やんちゃなイメージはあったよ。

――ベビーフェイスのはずなのにめっちゃキレるんだなとか、バグるんだなとか。でも、その瞬間が最高で。

甲本　そうそう、そういうのはあったね。まあでも、やっぱりいちばん燃えたのは新日時代かな。抗争があるたびに1枚ずつまわしていくっていうか。何かひとつの抗争が終わるたびにドラマが蓄積されていって、アントニオ猪木という存在が強烈になっていったよね。1試合1試合じゃダメなんだよ、抗争なんですよ。モハメド・アリとやったのも、あれは1試合だけどひとつの抗争だと思うんですよ。世間とプロレスの抗争。世の中のプロレスに対する評価、判断に対して「おまえら、どうしていいかわからないんだろ？　こんなにおもしろいものがあるのにどう認めていいかわからないだろ？」と。それなら物差しを与えてやろうっていうのがアリ戦ですよね。ボクがよく言う、高跳びって評価が簡単じゃないですか。1ミリでも高く跳んだら勝ちなんだから。短距離走も0コンマ01秒でも速くゴールしたほうが勝ちなんだろと。そういう物差しがプロレスにはないことが最高なんだけど、あえてここに物差しを持ってきてみようじゃないか、その最高の物差しとしてボクシングの世界チャンピオンというモハメド・アリを持ってくるわけでしょ。で、「この物差しと俺を並べてみろよ」っていう世間との抗争だったんだよね。

――それって、よっぽど腕に自信がないとできないことですよね。

甲本　そうだよ。その物差しの横で「ちっせえー」と思われたらアウトだもん。ただ、ボクはそれは凄いことだよなって思いつつ、やらなくてもよかったような気もするし。もともとプロレスには物差しがないのがカッコいいんだからさ。ボクがロックンロールに魅力を感じるのもその物差しのなさ。ロックンロールも誰にも測れないものだと思うの。話がどんどん飛ぶけども、ボクはゴルフを観ていて凄く貧乏くさいと思うんです。ゴルフ自体は素晴らしいスポーツかもしれないけど、なんかニュースとかを観ていると「賞金ランキング」って言うんだよ。

――ゴルフのニュースにはかならずついてきますね。

甲本　でしょ？　その人の価値を決めるのに「今年は何億円」って言うの。貧乏くせえと思って、なんかその瞬間鼻クソに見えてくるんだよね。「うわっ、くせえ。たった3億とか、そんな話をしてんのかよ。10億、20億？　貧乏くせえ話をしてんなあ」って。でもプロレスとかロックンロールには物差しがないから、そんなはした金なんかはどうでもいいわけですよ。だからモハメド・アリを連れてきた瞬間はちょっと貧乏臭くなったとボクは思う。そういう意味ではやらなくてよかったかなっていうのはある。

――あとは年俸を割って「1打席いくら」だとか、マイク・タイソンが秒殺しちゃったら「時給いくら」「パンチ一発いくら」とかっていうのも、そういうことじゃねえだろって思いますけど。

甲本　そんなの貧乏臭いじゃん。あのね、「貧乏」と「貧乏臭い」は違うんだよ。貧乏っていうのは何かと比べてのことで、ボクは貧乏を否定しているわけじゃない。誰かと比べたらこっちが貧乏っていう。そういうことではなくて、「貧乏臭い」というあのイメージが嫌なんだよね。

――その貧乏臭い空気というのは、ボクも日々ますます感じていますよ。そういう場面に出くわす頻度が高くなったというか。

甲本　あるよね。でも、家庭の主婦の方が「こっちのスーパーの野菜のほうが100円得だわ」とかっていうのは、それは生活をするうえでとても大切なことですからボクは貧乏臭いとは全然思わないよ。

――それで猪木さんが亡くなってからあらためて思うことは、「結局、アントニオ猪木の何が好きだったんだろう？」っていうことに自分の中でうまく説明がつかないんですよね。

甲本　うん。つかないね。

――子どもの頃は観ていて、強くてガッツがあるところが純粋にカッコいいなと思っていたと思うんですけど、プロレスを観続けていくうちに、格闘技としての強さだけじゃなく、演劇論とか興行論という部分だったりを感じるようにもなり、でもアントニオ猪木にはその全部の価値観があったなと。

甲本　たしかに。それらを全部総合すると、自己投影ができたんだと思う。猪木が何かをするときに、まるで自分がそこにいたじゃない。単なる観客じゃなくて一緒に闘っていた気がするんだよ。猪木がやられたら自分も痛かった。それだけあの人の器がデカかったってことかな。「みんな、猪木という乗り物に乗っかれ！　全員でいこうぜ！」っていう凄みというか、みんなを受け入れる器があった気がして。いま話していて思ったけど、もしかしたら永ちゃん（矢沢永吉）もそういう種類の人かもしれない。観ていて「永ちゃん、がんばれ！　俺もがんばる！」っていうふうになる感じっていうのは。でもボクはそういう器の持ち主ではないので（笑）。

――「俺に乗っからないで」と（笑）。

甲本　そういう器がないから、こういう話ができるんだよ（笑）。「俺は俺でやるから、みんなはみんなで勝手にやれ」ってボクは思ってる。でも猪木さんや矢沢さんを観ていると、「俺に乗っかれ！　一緒にいこうぜ！」っていうものを何か感じますよ。凄いなと思う。……がんばってください（笑）。

「人間などは全員アウトサイダーです。いつも物事を考えているってこと自体が、そんなのもう病気ですよ」

――さっきのアリ戦という測定する場所を作ったという話ですけど、やっぱり普通にプロレスをやっていても思いつかないことというか、まずそこを発想したこと自体は凄いですよね。

甲本　たしかに。

――「ボクシングの世界的スーパースターとやってやろうじゃないか」というのは、完全に普通の人とは見えている世界が違ったんだろうなと。昔、ヒロトさんがゴッホの展覧会に行ったのはニューヨークでしたっけ？

甲本　初めて観たのはシカゴで、その次にニューヨークで観た。その2回が最初だったんだけど凄かった。

――それで館内に入った瞬間に、奥に展示してあった『ひまわり』が目に飛び込んできて……。

甲本　いや、ボクがそのときにいちばんきたのは『糸杉』。あとは自宅の寝室の絵かな。ビックリしたなあ。『ひまわり』だろうが『糸杉』だろうが被写体はなんでもいいんですよ。そんなのどうでもいいの。それが何かなんてボクは考えな

かったし、とにかく部屋に入った瞬間ですよ。数メートル、いや、広い展示場でぽつんと遠くにあったから、たぶん絵から10メートル以上離れていた可能性はある。もうね、ゾクゾクっとして、身体がビクンビクンするんですよ。「すげえものがあそこにある」っていう、荒木飛呂彦のジョジョ（『ジョジョの奇妙な冒険』）でさ、スタンドが立っててモヤモヤモヤモヤってなってる感じ？　なんかいまにもスタンドが発動しそうな。「うわっ、やっべえのがいるよ！　勝てるわけねえじゃん、アイツに」っていうのが立ってるんですよ。それで恐る恐る近づいていって、「なんじゃこりゃ？」と。これ、絵という感覚でもない。それでしばらく観て「そうか。これ、人が描いたんだよな」と思った。スタンドが立ってるわけじゃないと。「人が描いた絵なんだよ。これ、白いキャンバスに絵の具を乗っけたんだよ。なんじゃやそれ」と思って。「誰がこんなことをやっちまったんだ？」と思って名前を見たら〝フィンセント・ファン・ゴッホ〟って書いてあった。「そういうことかー！　そりゃみんな褒めるわ！」って（笑）。あれはビックリしたなあ。

——遠目から見ても圧倒されるものがあったと。ゴッホさんは色弱だったという説がありますよね。

甲本　っていう話もあるね。

——だからあの強烈な黄色も、実際にそう見えていたから描けたんじゃないかと。それで最近、『色のシミュレータ』っていうアプリの存在を知って、それはとある医学博士が開発した色弱者には世界がどう見えているかをシミュレーションできるやつなんですけど、それでふと「あっ」と思って、そのアプリで『ゴレンジャー』の画像を見てみたらキレンジャーだけがバッキバキの黄色で、あとの人たちはぼんやりしてるんですよ（笑）。

甲本　本当に？　そういえば、犬も黄色のおもちゃが好きかもしれないね。キレンジャーの決め台詞といったら「まかしんしゃい！」と「阿蘇山落としじゃい！」だよね。いつもカレーばっか食ってさ。余談だけど（笑）。

——なので、色弱の人こそがゴッホと同じ視点で絵を観ることができるんじゃないかとか。ハンディキャップがその人の才能になるっていうのはかなりある話だなと思うんですけど、猪木さんもなんらかの理由で、あきらかにこの世界が常人とは違って見えていたんじゃないかなと。

甲本　そんなことを言ったらさ、たとえばオリンピックで金メダルを獲る短距離選手は、あれだって足が速いっていう病気かもしれないよ。で、それが才能なんだろうな。じゃあ、アントニオ猪木病にかかりてえよ（笑）。

——何事にもビビらない感じがありますよね。

甲本　うん。でもビビってたのかなあ？

――なんかビビるような局面でも、ビビってるふりをしていたんだと思うんですよ。「ここはいちおうは怖がってるふりをしておくか」みたいな。そういう猪木幻想はありますね（笑）。

甲本　じゃあ、そういう人とさ、あのプロレスのリングっていうのはボクも実際に上がったことがあるけど凄く狭いですよ。あんな狭いところにそんな人とふたりっきりで立つというのは相手としたら怖いだろうな。恐怖心がないっていうのは無敵ですから。バッファローマンだよ。

――どうしてボクがこんなことを考えるようになったかと言うと、1年くらい前にちょっと鬱っぽくなっちゃったんですよ。

甲本　あっ、そう？　で、戻ってきたの？

――「あー、なんとか戻ってきた。ヤバかった」って友達とかに3段階くらいに分けて言って、みんなは「全然戻ってねえよ」って思ってたってあとで聞かされたんですけど（笑）。いまはもう大丈夫っぽいですね。

甲本　全然わからなかったけどね。

――それでありがたいことに、そのときにやっぱ友達とかは心配してくれるんですよ。あるときにウチの事務所で夜中にクロマニヨンズのライブ映像を観ようと提案してくれた友達がいて、「うーん、いいけど……」みたいな感じで対応しつつ観たら、ちょっと狂った話なんですけど、そのときに「全部わかった!!」ってなったんですよ（笑）。

甲本　おぉ？（笑）。

――これは快挙なんですけど、全曲の歌詞の意味もギンギンにわかったんですよね。それで「うわー！　そうだったのか、クロマニヨンズ!!」となりまして（笑）。

甲本　こえーよ（笑）。

――もう戻ってきてますから怖がらないでくださいね（笑）。それでこれは怒らないで聞いてほしいんですけど、「あっ、この人たちも俺と同じ病気か」ってそのときにボクは思ったんですよ。ゴッホ視点でゴッホの絵を観た感覚というか。それでその夜はバッキバキに頭が冴えちゃって、めっちゃ元気になって、それから寝て、翌朝になったらその解釈をいっさい憶えていなくて、引き続き脳みそはダルかったんですけど。そんな夜があって、それからボクはヒロトさんたちもなんらかの病気だと疑っています。それであんな楽曲が作れるんだって。

甲本　いや、みんななんかの病気になってるよ（笑）。全員アウトサイダーです、人間などは。物事を考えているってこと自体が、たとえば大げさな話、人生がどうだとか、生活がどうだとか、いつも考えるでしょ？　そんなのもう病気ですよ。たぶん地球上の動物で人間以外は考えるってことをしない。それはほかの動物には選択肢がそんなにないけど、人間にはいっぱいあるから、つい思うとか、考えるとかしちゃう。

「人間は『いつか死ぬのかな……？』って気づいた瞬間から脳みそで余計な運動が始まるわけでしょ。おもしろいよ」

――人生にはいろんなパターンがありますからね。

甲本　そうそう。ほかの動物は少ない選択肢の中、その場その場でチョイスをして生きてるんだけど、人間はこの歴史の中で自分たちの脳みそでたくさんの選択肢を作り出しちゃったんですよ。この世の中には「世界」という凄く理路整然としたものがあるんだけど、「社会」というハリボテを作っちゃったから、これはもう修復しながらずっとやっていかなきゃいかんですよ。人間は大変ですよ（笑）。

――動物の中で「いつか死ぬ」ということを知っているのも人間だけって言いますよね。

甲本　おもしろいんだよ。ファーブルとかは気づいていたし、それから虫の先生たちもみんな言うんだけど、「虫を捕まえようとすると死んだふりをする」って。死という概念がないヤツらが死んだふりをするんだよね。

――あっ、たしかに！　本当ですね。

甲本　あれはおもしろいなって。それとか、たとえば「コイツにこれをぶっかけたら死ぬぞ」っていう薬品なんかを近づけたら何かを感じて逃げるんだよね。それはわりと単細胞的なアメーバみたいなヤツも逃げるんだって。死という概念もないのに生きようとしてるっていうのは不思議だねえ。人間だって「あれ？　いつか死ぬのかな……？」って気づいた瞬間から脳みそで余計な運動が始まるわけでしょ。それがすべての始まりだよね。おもしろいよ。

――だからヒロトさんが中1のときにラジオから流れてきたマンフレッド・マンの『ドゥ・ワ・ディディ・ディ・ディ』を聴いたときと似たような体験を、ボクはあの日の夜にしたんだと思うんですよ。

甲本　なるほど。だって、これは何度も言ってるけど、ボクがあれを初めて聴いた瞬間のことをたとえられるものが何かないかなと思ったら、ヘレン・ケラーが「ワラッ（ｗａｔｅｒ）！」って言った瞬間なんだよ。あのとき本当に机を見て「あっ！　これ、机だ！」って思ったの。「あっ、これ、畳だ！　机だ！　あっ、足がある！」とか「これは手だよな！」とか。それまでボクが生きていたあの世界はなんだったんだろうって。だから物心がついていなかったというか、それまで意識がなかったんだろうね（笑）。

――生まれてから10年以上も（笑）。

甲本　なんか全部がいっぺんに来たんだよな。それは1＋1がわかれば、100＋100も1万＋1万も解けるじゃないか。その瞬間ですよ。1＋1だけを見てるんじゃなくて、その1＋1という意味、1＋1は2になるというその意味をわかった瞬間に「全部わかった！」っていうさ。

——だから、その日からもう毎日ロックンロールを聴いているわけですよね。

甲本　聴いてる、聴いてる。で、いまだにあのときと同じくらい感動する（笑）。ボクはあのときに思ったの。「この感覚、この震えるような感動、なんて素晴らしいんだろう！」って。で、「こうなりたい！」と思った。それはガキのときに初めて射精して、あまりにも気持ちいいから猿センになるっていう、あれと同じですよ。「あー、気持ちいいー！　もう1回やって！」っていう。そのためにレコード屋さんに行ってレコードを買ってきて、かける。「これでいつでもその状態になれる」と思ったんだよね。だからボクはいまだに自分の欲に負けているだけで、何かのために聴いたりしているんじゃないよ。

——それは「今日もカレーが食べたいな」っていうのと一緒で、ただ欲しているだけで。

甲本　うん。欲してる。依存症、中毒ですよ。

——ちなみにキレンジャーのように毎日食べるくらいカレーが好きな人は、じつは胃腸とかが弱っていて身体が薬膳を欲しているからだという説があって、それを長州力さんに言ったら「じゃあ、インド人は全員病気か？」って一蹴されたことがあります（笑）。とにかく自分はちょっと病んでみたことで、ほとんどの人間が病気だってことがわかっちゃったんですよね。

甲本　それぞれ病名が違うだけでね（笑）。

——それに気づいたら、なんかやさしくなれたんですよね。人と仕事をしていてうまくいかないときなんかも「あっ、コイツも病んでるな。オッケー」みたいな（笑）。

甲本　おもしれー（笑）。

「他人は眼中にないって言うと冷血な人間に思われるかもしれないけど……でも冷血かもしれない（笑）」

——そんなところから、たとえばロックンロールにバチッとくる病の人、プロレスにバチッとハマる病の人はそんなに多くはいないんだなとか。だって万人に伝わらないものじゃないですか。

甲本　まあ、そうも言える。たしかに。可能性としてはあるかもしれないけど、たしかに万人に伝わったことは一度もない。もしかしたら時間をかけて伝わることがあるかもしれないけど、人間の寿命はそんなに長くないから伝わらないまま死んでいく人もいっぱいいると思う。

――そうですよね。

甲本　まあ、いいんだよ、そんなのは。本当に最近よく思うのは、他人の「いいね」ぐらい要らないものはないなっていう気がするよ。まあ、認めてもらえないさびしさってのはもちろんありつつ、認めてもらうってことはそんなにたいしたことじゃねえなって思う。それよりも自分が自分を認めて「どうなんだ?」っていうそっちのほうが重大じゃないか。ご飯を作ってさ、みんなに食わせるときに、みんなが「おいしい!」って言う前に味見をして、自分がおいしいと思えるかどうかがいちばん大事じゃないか。だから音楽でも、作ってみんなに見せる前に自分たちで聴いてみて「あっ、カッコいい!」って思えるかどうか。それがとりあえずとっても大事で、そうしたらそれを世間にさらしたときに好きな人もいりゃ、嫌いな人もいるだろうと。だと思うよ。

――だからアルバムができた瞬間こそが「よし!」ってことで。

甲本　うん。そうそう。

――レコーディングよりもプロモーションのほうに力を入れるってことはありえないわけですよね。

甲本　そうだねえ。そりゃ売れたほうがいいから「絶対に売れなきゃダメ!」って思っている人もいる。でもボクは「売れたほうがいいなあ」と思う。その程度はいろいろでグラデーションだよ。ボクは「売れたほうがいいなあ」と思う程度の活動はする(笑)。「全然売れなくてもいい」なんて思っていたら、こうして取材を受けには来ない。

――まずは自分ありき。だから以前「ヒロトさんってやさしい人ですよね」って言ったら、「買いかぶるな、人に興味がないんだ」って(笑)。

甲本　アハハハハ。そうそうそう(笑)。

――それは本音なんだろうなと思ってしまいました(笑)。

甲本　いや、好きな人はいっぱいいるよ。でも本当の意味での興味というのは、その人がやることに興味が出ることはある。「ああ、井上くんが作る雑誌はおもしろいな」とか「この文章はいいな」とか。だって人間なんてだいたいおんなじだもん(笑)。だから眼中にない。

――眼中にない(笑)。

甲本　眼中にないって言うと冷血な人間に思われるかもしれないけど……でもそういう意味では冷血かもしれない(笑)。付き合いきれないんですよ、みんなとは。だってボクはひとりなのに世の中にはいっぱい人がいるじゃない。「えーっ?無理!　無理!　無理!」って思わない?　1vs10でも大

変だよ。闘ってみ（笑）。闘うのと仲良くするのは同じくらい大変だよ。だからやっぱバンドがいいんですよ。タッグマッチ。「ここは4人でいこうぜ！」みたいな（笑）。

——団体戦、戦（いくさ）ですね（笑）。

甲本　ひとりでなんかもう無理、無理。絶対に無理だよ。でも猪木さんはひとりでやってたんだからすげえよなあ。1月4日のドームはひさしぶりに新日本プロレスに猪木のカラーがもう1回帰ってくるわけでしょ。ここ数年はそのカラーがちょっと薄かったじゃないですか。

——そうなんですよね。

甲本　それっていまの新日のトップでやっている人たちにとってどうなんですか？　みんなが「猪木！　猪木！」っていうところを1回横に置くことで、いまの新日を作ってきたようにボクには見えていたし、それは成功したと思う。それをここでもう1回、猪木を担ぐっていうのはいろいろと複雑なんじゃねえかとか勝手に思っちゃうんだけど。

——でも、もう亡くなったわけですから、ここはちゃんと弔っておかないとっていう心理はわからないでもないですね。もうヘタなことはされないという安心感と（笑）。

甲本　そっか。ここは綺麗に逝っていただきたい、成仏していただきたいと。そうだよね、猪木さんはまだそのへんをさまよっている可能性があるもんね。『キン肉マン』で超人が1回死んでも帰ってきたりする感じで。

「壮絶な生き方をして20代で死ぬのがカッコいいなんていうのも、ハッキリ言ってひとつの物差しですよ」

——それも猪木ならではの幻想ですよね（笑）。

甲本　たまごさん（『キン肉マン』作者のゆでたまご）、作中で登場させないかな？　死んだ猪木が『キン肉マン』の世界に足を踏み入れてくるっていうのは読みたいな。

——そういえば、こないだボクは初めて池上本門寺の力道山のお墓に行ったんですよ。ヒロトさんは行ったことないですよね？

甲本　ないよ。写真では見たことあるけど。

——あそこにある力道山の銅像、雑誌とかでよく見てきたじゃないですか。あれが生で見たらめっちゃ怖いんですよ。

甲本　怖いの？

——ちょっと曇りの日だったので余計に怖くて、銅像のくせに何者も信用していないような目をしているんですよ。それはやっぱり付き人だった猪木に3年半もの間、殺意を抱かせるくらいの仕打ちをした人っていう知識があるからで、嶋田先生（ゆでたまご）に言わせると「まったく怖くない。やさしい感じの銅像だ」と。「あっ、先生は馬場派だからだ。馬場は力道山にかわいがられていたからな」って（笑）。
甲本　基礎知識が違うんだな。たまごさんはずっと言ってたよ。「俺は馬場派ですから」って。そうは言ってたけど、猪木のことだって好きだったんだよ。昔、UWFがガーッと盛り上がっていて、世の中が「格闘技！　格闘技！　プロレスはダサい！」みたいな風潮になったときに馬場さんが余裕の表情で「みんなが格闘技に走るので、私、プロレスを独占させてもらいます」ってやったじゃん。あれはカッコいい。天才。
——王道・ジャイアント馬場からのカウンターですよね。
甲本　あれはミック・ジャガー的な身のかわし方を感じたなあ。ロックンロールも時代によって世間からの風当たりが強くてさ、まあ、いつも強いんだけど。「バンドをやってるのはバカでしょ」みたいな。「はい、バカです」でいいんだけど、60年代中盤から70年頭にかけて「ボクたち、バカじゃないです」ポーズをロックがとるようになったじゃない。クラシックと融合させるんだとか、ジャズがどうだとか、社会的なメッセージがどうだとか、文学的な表現がどうだとか、ミュージシャンのくせに「アーティスト」なんて言ったりさ。挙げ句、退廃的な生き方をして、クスリやお酒で20代で死ぬ、それがカッコいいんだとか。
——そして伝説になる的な。
甲本　それが何か世間の誰が見てもわかる価値観みたいな感じで、壮絶な生き方をして20代で死ぬのがカッコいいなんていうのも、ハッキリ言ってひとつの物差しですよ。それこそ公民権運動もそう。それ自体は間違いじゃないんだけど、公民権運動なんかと一緒になることでロックを高尚なものとして上げようとした。あれも世間のみんなが理解するものと自分たちを並べるというひとつの物差し。ボクはそれが逆にロックを矮小化することであり、貧乏臭くさせたといまになって思う。でもミック・ジャガーは当時から気づいていたんだよ。だから『イッツ・オンリー・ロックンロール』っていう歌を作って、「俺がみんなが観てるステージで自殺しちゃおうかな」「ペンで胸を突き刺してさ、ステージに血がポタポタって落ちてさ。そんなの好き？」とか言って。「ロックがそういうことになってきてる。10代の好奇心の目はそれで喜ぶのかな？　そういうのが好きなのかな？　でもさ、俺がやってるのはたかがロックンロールなんだよ。ただのロックンロールなんだよ。みんなの期待には応えられないかもしれないけど、俺はこれが大好きなんだ」。そんないい歌を作って、そして大サビ1回だけ。「キャンチュー・シー、ザット・ディスオールドボーイ……」って言ったじゃない。「まだわかんねえのか？　いま、この年老いた少年はさびしいぜ」って。その歌詞を70を超えても歌う凄み。それを考えるとミック・ジャガーって天才だなって思うし、あのときの馬場さんのかわし方にもそれを感じたな。あそこで馬場も一緒になって格闘技っていうのは……まあ、ちょっとやったけどね（笑）。

――ラジャ・ライオン戦（笑）。

甲本　ラジャ・ライオン！（笑）。

――ちょうど、おとといもゲラゲラ笑いながら観たところですよ（笑）。

甲本　あれ、最高だったなあ（笑）。

――あっ、そろそろお時間ですね？　ラジャ・ライオンで締めたくはなかったですけど……（笑）。

甲本　いいオチということで。立ち話にしてはちょっと長かったんじゃないかって思うし（笑）。

THE CRO-MAGNONS INFORMATION

ザ・クロマニヨンズ 16th アルバム、
2023 年 1 月 18 日発売 !!
2 月 2 日から全国ツアー
『MOUNTAIN BANANA 2023』開幕 !!

ザ・クロマニヨンズ 16th アルバム
『MOUNTAIN BANANA』

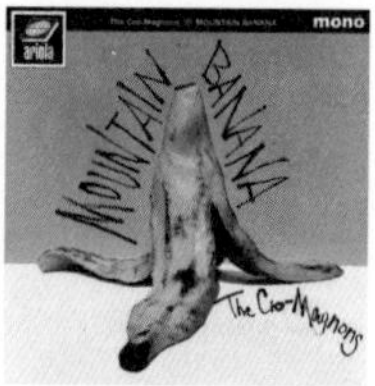

■ CD:BVCL 1264/ 定価 2,913+ 税
○初回仕様のみ紙ジャケット仕様
（※なくなり次第プラケースへ切り替わります）
■完全生産限定アナログ盤：
BVJL 58/ 定価 2,913 円 + 税
○ 60 年代フリップバック E 式盤を可能な限り再現。
180g 重量盤採用

［収録曲］
1. ランラン 作詞・作曲 真島昌利
2. 暴走ジェリーロック　作詞・作曲 甲本ヒロト
3. ズボン　作詞・作曲 甲本ヒロト
4. カマキリ階段部長　作詞・作曲 真島昌利
5. でんでんむし　作詞・作曲 甲本ヒロト
6. 一反木綿　作詞・作曲 甲本ヒロト
7. イノチノマーチ　作詞・作曲 甲本ヒロト
8. ドラゴン　作詞・作曲 真島昌利
9. もうすぐだぞ！野犬！　作詞・作曲 甲本ヒロト
10. キングコブラ　作詞・作曲 甲本ヒロト
11. さぼりたい　作詞・作曲 真島昌利
12. 心配停止ブギウギ　作詞・作曲 真島昌利

ザ・クロマニヨンズの最新情報や
ライブスケジュールは
THE CRO-MAGNONS オフィシャルウェブサイト
https://www.cro-magnons.net

甲本ヒロト（こうもと・ひろと）
1963年3月17日生まれ、岡山県岡山市出身。ロックミュージシャン。ザ・クロマニヨンズのボーカル。
1985年にギターの真島昌利らとザ・ブルーハーツを結成し、1987年に『リンダリンダ』でメジャーデビュー。1995年にザ・ブルーハーツ解散後、ザ・ハイロウズでの10年の活動を経て、2006年にザ・クロマニヨンズを結成。2022年12月14に26枚目のシングル『イノチノマーチ』をリリース。2023年1月18日には16枚目のアルバム『MOUNTAIN BANANA』をリリースする。

兵庫慎司のプロレスとまったく関係なくはない話

第91回 『ズボン』と『さぼりたい』の破格さについて

兵庫慎司

（ひょうご・しんじ）1968年生まれ、広島出身・東京在住、音楽などのライター。前にも書いたが、音楽サイトやロック雑誌等のライターが挑むと大苦戦、それよりも専門外のメディアのインタビューのほうがおもしろい、対談とかもおもしろいのが、ザ・クロマニヨンズである。ということは、自分の経験としても、知っている。で、『KAMINOGE』のインタビュー、毎回、その中でもトップクラスのおもしろさだと思っているので、今号も楽しみにしています。

12月12日月曜日の夜のこと。音楽雑誌のレビューを書くため、ザ・クロマニヨンズのニューアルバム『MOUNTAIN BANANA』を聴いていた。甲本ヒロトが書いた『ズボン』に驚愕し、マーシー（真島昌利）が書いた『さぼりたい』に戦慄した。で、全曲を聴き終えたあたりで25時になったので、TBSラジオの『深夜の馬鹿力』に聴取対象を切り替えたら、伊集院光、某ウェブサイトの取材でヒロトと対談したそうで、『ズボン』と『さぼりたい』を絶賛し始める。そして、『ズボン』の歌詞の一部を朗読し、この番組に音源初解禁をくれた、と『さぼりたい』をかけた。僕がたまたま放送の直前にアルバムを聴いていただけなんだけど、あまりのタイミングの良さに、なんか笑ってしまった。なので、そこまで含めてそのレビューを書いたのだが、その2曲がどのように破格なのかについては、文字数的に掘り下げることができなかった。

で。書き終えて、「次は『KAMINOGE』を書かなきゃ……あ、アルバム出るんだから表紙なんじゃないか？」と気がつき、井上編集長にショートメール（なのです、普段の連絡手段が。何年経ってもLINEにならないのが、関係性の遠さを表していますね）で問うたところ、「そうです、ヒロトさんです」という返信。じゃあちょうどいいかも、書こうかな。というわけなのだった。

では、ヒロトの書いた『ズボン』は、なぜ『ズボン』なのか。まず、『ズボン』という言葉が持つ、擬音としても通用する語感。そして、その言葉が示すものが、現在はパンツとかボトムスとか呼ばれている衣服のことであって、つまりは死語である、でも、知らない人よりも憶えている人のほうが多い、という、言葉自体のポジションの絶妙さ。あと『ズボン』と発語した時の口の感触や、それをメロディにのっけた際の響き方も大事だ。この曲において、「ズボン」もしくは「ズボンズボン」は、合計6種類のメロディで歌われているが、そのどれとも合うこと、耳に気持ちいいこと。「ボンボンボン ズー」という活用形（というのか？）でも歌われているが、これも非常に心地好い。

このアルバムの先行シングルの『イノチノマーチ』には「ニャカニャカブン ニャカニャカニャカブン」と歌う箇所が（歌詞カード

には明記されていないが）ある。『ドラゴン』には「パッパパララ」というフレーズがある（こっちは歌詞カードに書かれている）。「ズボン」もそれらと等価だが、たまたま意味を持っている言葉だった、ということなのだと思う。ヒロトが言うところの、自分たちは英語のヒアリングなんてできないのに欧米のロックに夢中になっていたんだから、自分が歌う時も、歌詞の意味とかよりも響きのほうが大事じゃない？という姿勢の表れが、こういうところなのだろう。セックス・ピストルズ『アナーキー・イン・ザ・UK』の「アーイアムアーナンチクライスタ！」が「俺は反キリストだ」という言葉の意味以前に、響きとしてもう大変にかっこいいのと同じことである。

あと、歌詞の最初の「大人もズボン子供もズボン」は、本来の「ズボン」の意味で聴けるが、中盤の「日本人ズボン富士山ズボンお寿司にズボンちょんまげズボン」あたりになると、「富士山がズボーンとそびえている」みたいに、完全に擬音として耳に入ってくる、というのも重要。

で。ヒロトの曲もマーシーの曲も共通しているのは、そのような、響き重視で意味は二の次な詞の中に、1カ所、簡潔に重要な意味を伝えるラインが入ってくる点だ。『ズボン』にも「時々怪しい有名な言葉大切なものは輝いている」という一節がある。で、そうではなくて、意味のある部分が多い曲もある。このアルバムで言うと『カマキリ階段部長』（なんちゅうタイトルだ）とか、『もうすぐだぞ！野犬！』（ありなのかそんな曲名）などが、それにあたる。

しかし。マーシーの書いた『さぼりたい』には、それすらないのだ。歌詞カードで確認できるのは「さぼりたい」「ふけたい」「今日は」の三語のみ、歌詞カードにはないがコーラスで歌われている「そうだね」を合わせても四語。それだけで2分10秒の曲が成立しているのである。この曲に関しては、己の「さぼりたい」を説明したり掘り下げたりしたくない、意味を足すとしても「今日は」くらいで止めたい、極力「さぼりたい」のままで聴き手に届けたい、という、マーシーの意志を感じるのだった。可能なのか、そんなこと。可能なのだ。という証明がこの曲である、とも言える。

今さら言うまでもないが、歌詞がすげえ直球で意味を伝えてくるバンド、ザ・ブルーハーツで、日本のロックの歴史を変えたふたりが、そのような「意味よりも重要なこと」を楽曲で描こうとするようになったのは、次に組んだザ・ハイロウズの途中からだ、と僕は認識しているのだが、ある意味それが極まったのが、このアルバムなのではないか。とすら思うのだった。

しかし。クロマニヨンズを熱心に聴いている人が、そう思うとは限らないか。「どこが？　いつもどおりじゃん」とか言われるかもしれない。なので、井上編集長に「今回のアルバム、特に良くないですか？」と訊いてみたら、「自分もそう思いました!!」という返信が来たので、じゃあ、まあ、書いてもいいか。と判断したのだった。

ヒロト、このページまで毎号読んでいるそうなので、本人が読んでどう思われるか、心配ですが。「全然違うよ」という可能性も大だ。でも、正解を曲に設けるとつまらなくなるからそうしない、聴き手が感じたことが正解、という人たちだから、まあいいか。以上が私の正解です、ということで。

いまだにベンチプレス130キロを挙げる怪力！
2度目のオリンピック出場を視野に長州節が炸裂!!

収録日：2022年12月9日
撮影＆聞き手：井上崇宏

KAMINOGE LISTEN TO POWER HALL

【吉田光雄】

長州力

「なんかここにきて
虫が湧いて出てくるように、
いろんな連中が会長（猪木）の名前を
使っていろいろとやってるよな。胸糞悪い。
アゴをまわすヤツとヤキがまわったヤツとが
入れ替わりでおこぼれをもらいにきやがって。
自分の持ち場に戻って生活していけよ」

「俺のサインの偽物なんて いくらでもあるんじゃないか？ あんなものは誰でも書けるだろ」

長州　おい。なんかヤフーニュースで見たけど、格闘技の人間がほかの人のサインを書いて売って捕まったって。

——あっ、そうなんですよ。

長州　そうなんですよって、おまえ……。業界の中でそういう事件性のある動きがあったってこと、山本も知ってたのか？

※毎度しつこいが説明しよう。長州さんは長年、聞き手の井上のことをどこでどう間違えたのか、ずっと〝山本〟と呼んでいるのだ！　もう10年以上も！

——いやいや、知らないです！

長州　本当か？　そんな、山本も知らないくらい秘密裏におこなわれていたのか。

——おおっぴらにやるものではないですし、ボクもそんなに事情通ではないんです。

長州　また業界の闇を見た思いだな。まあ、いまはアレだしな。

——アレと言いますと？

長州　円安。大変じゃん、みんな。

——ところで長州さん。今日はどうしてご自宅の中でブーツを履いていらっしゃるんですか？

長州　あ？　これ？　まあ、アメリカのスタンダード。

——急に（笑）。

長州　まあ、最近は欧米人も部屋の中では靴を脱ぐようになったりしているらしいけどな。でもいいか、山本。流行っていうものは常に繰り返しであり、焼き直しなんだよ。

——ちなみにトイレもブーツを履いたままですよね？

長州　そういうセンシティブな質問はやめて。

——失礼しました……。

長州　これ見て（とトレーナーの裾をまくる）。

——はい、どうかしましたか？

長州　どうかしましたかって、おまえ……。俺が着てるの〝オーバーホール〟じゃん（※長州語でオーバーオールのこと）。

——ああ、やはりアメリカですね。

長州　ラフだろ？　胸のポッケにスマホとかコインとかいろいろ入れられてラクだし。まあ、〝ホール〟（※オーバーホールの略語）はもともと作業着として作られたんだろうから、昔はここにいろんな仕事道具を入れてたんだろうな。アメリカンドリームがいっぱい詰まってたのかもわかんない。まあ、山本もうちょっとファッションとかに気を使ったほうがいいよ。家出してきたみたいな格好ばかりしていないで。

――ありがとうございます。ちなみに長州さんは自分のサインの偽物を見かけたことはありますか？

長州　偽物なんていくらでもあるんじゃないか？　あんなものは誰でも書けるだろ。

――長州さんのサインは誰でも書ける（笑）。

長州　そうだよ。みんな書けるじゃない。

――でも自分のサインの偽物が出回っていたら嫌じゃないですか。

長州　サインってそういうもん？　べつに嫌とかないけどな。

――長州さんは漢字で「長州力」って書いていますよね。

長州　うまくもなんともないやつな。まあ、多少俺なりのクセはあるけど、俺だって「これは俺が書いたのかな？」ってわからないくらい。だって、よく見ると全部違うんだよ。

――自分が書いたサインでも全部違う（笑）。たとえば利用した飲食店の人から頼まれて書いたりするじゃないですか。ふたたびその店を訪れたときに、自分の写真とかサインが飾ってあるっていうのは全国あちこちにあると思うんですけど。

長州　そこで撮った写真が一緒に貼ってあったら、だいたい俺が書いたやつだろうな。

――だいたい。とにかく「これは俺が書いたのかな？」っていうのがあるわけですね？

長州　いっぱいあるよ。昔はちょっと縦書きで書いてたんだよね。

「イメージアップのためにサインは縦書きからちょっと斜め書きに変えた。やっぱ炎上とか怖いじゃん」

――たしかに長州力のサインは縦書きという記憶があります。

長州　そうだろ。なぜだかわかる？

――縦書きにする意味ですか。なぜですか？

長州　そこを言ったら、おまえ……。これ、誌面に載せるだろ。

――いえ、載せちゃダメなやつは載せないです。

長州　載せないなら言うけど、人から頼まれてサインを書くときに「名前を入れてくれますか？」って会社名とかその人の名前を入れるように言われるじゃん。そういうのってサインを縦に書いてあったら書けないんだよ。

――あっ、宛名を書くスペースがないと。

長州　だからそういうのを書きたくないから、わざと縦書きで書いてたんだけどな。

――長州さん、本当に頭がいいですね！

長州　そういうところで頭がいいとか言うなよ。でも「頭がいいな」とおまえが判断したのなら、やっぱりこの話は載せてくれてもかまわない。ただし。おまえの「長州さん、本当に頭がいいですね！」というリアクションも切るなよ？

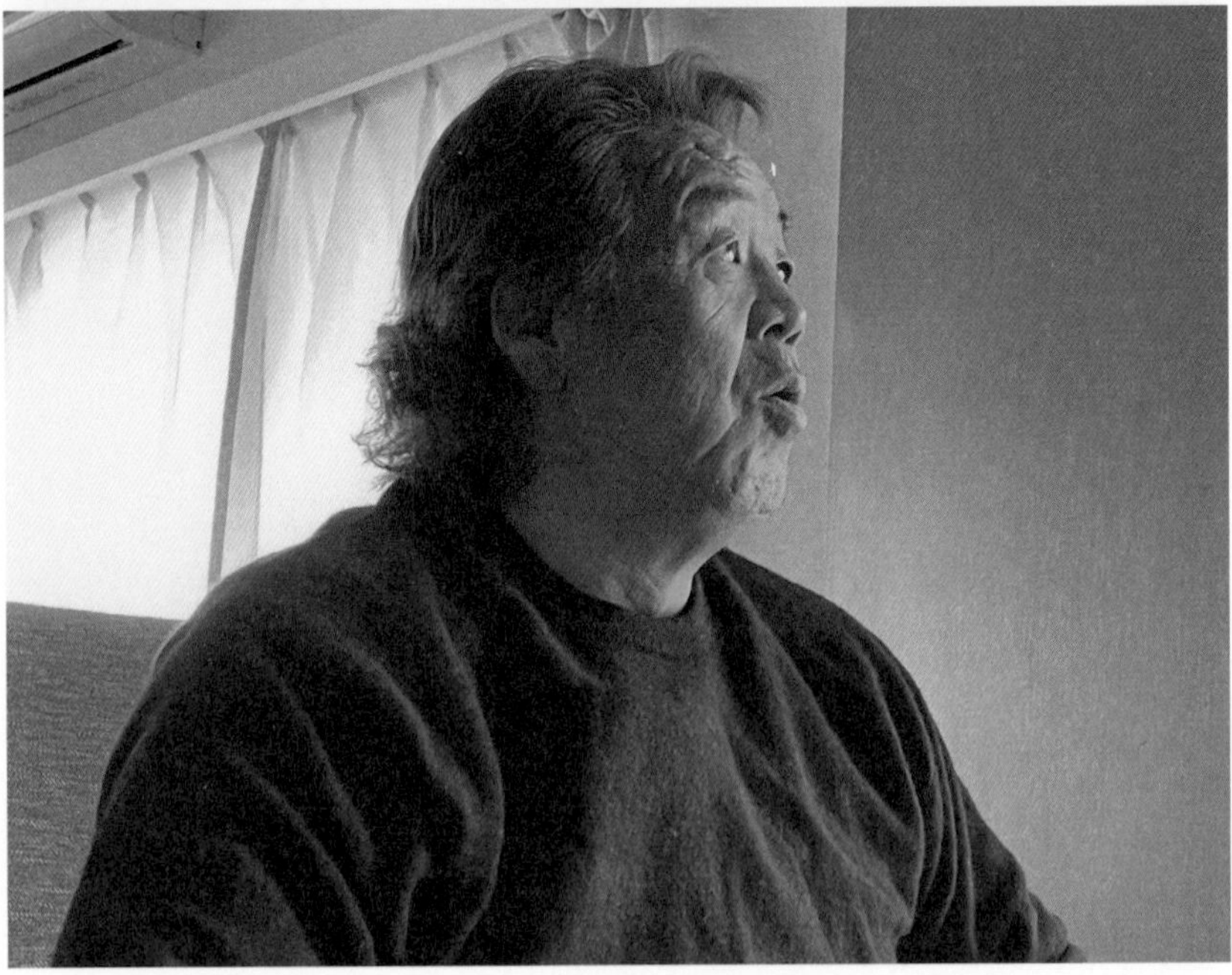

――わかりました！　ありがとうございます！

長州　山本、落ち着け。そんな殊更に、あたかも大スクープを取ったような態度をするんじゃないよ。昔はみんな縦書きだったよ。まあ、いまはこういう人気商売っていうの？　そういう仕事をやらせてもらっているから、縦書きというよりはちょっと斜め書きにしてるけどね。

――斜め書きにする理由はなんですか？

長州　斜めだとなんか印象がやわらかくなるんだよ。まあ、イメージアップのために。やっぱ炎上とか怖いじゃん。

――炎上は怖いですね。

長州　怖いっていうか、嫌。だから昔なんかはさ、会場入りして控室に行くじゃん。そうしたらテーブルの上に色紙がドサっと置いてあるんだよ。練習とか試合前にあれを書くのは大変なんだよ。とにかく俺のサインで同じやつっていうのはなかなかないよ。

――心の揺らぎとか、そのときの気分がサインに表れるわけですね。

長州　まさにそう。その、こないだ偽物のサインを書いて捕まったのって女のコだっけ？

――そうですね。

長州　かわいらしい顔をした。でも他人のサインなんて誰でも書けるじゃん。なんでバレたの？

――10万近くの値段で買うくらいだから、購入者はマニアの人だったんでしょうね。だから「これは違う」と気づいて。

長州　えっ、10万!?　サインが？

――そうなんです。ポスターに那須川天心と武尊のサインを書いたんです。

長州　10万……（絶句）。えっ、山本からしたらサインが10万ってわりと普通の感覚なの？

――いや、さすがに高額だなと思いますよ。でもそれくらいの価値があると。

長州　めちゃめちゃ高額だよ。俺は山本が平然と「10万」と言い放ったから、何を金持ちのような振る舞いをしてやがると思って、いまちょっとムカついたな（咳き込みながら爆笑）。

「武尊くんは好青年だよね。俺、武尊くんは大好きだよ。だから『ボクシングに行ってもがんばってね』って声をかけた」

――家出してきたみたいな格好をして、金持ちを気取ったりはしないですよ。

長州　だから驚いたんだよ。あっ、そういえば俺、こないだその武尊くんに会ったよ。あれは東京ガールズコレクションだったかな？

――長州力と武尊が出会う場所といったら、東京ガールズコレクションしかないでしょうね。

長州　そうだよな。以前も会ったことがあったけど、武尊くんは好青年だよね。わざわざ楽屋に挨拶に来てくれたんだよ。俺、武尊くんは大好きだよ。とにかく好青年だもん。

――とても礼儀正しいですよね。

長州　そうそう。だから「ボクシングに行ってもがんばってね」って声をかけて。

――長州さん！　ボクシングに行くのはライバルの那須川天心のほうですよ！（笑）。

長州　あ？　えっ、まずいじゃん！　俺、そう言っちゃったよ……。いや、そのときに会ったのは那須川くんのほうだったかな？　なわけないよな……。

――なわけですよ。えっ、そのとき武尊選手はどういうリアクションだったんですか？

長州　そう言われてみたら、なんか苦笑いしているような困っているような感じだったかもわかんない。しまったな。俺、本来はそういう誤ちは絶対にしないんだけどな。人の名前を間違えたりとか。

――そ、そうですね。ちなみに武尊選手が生まれて初めてもらったプロレスラーのサインは大仁田厚だそうです。

長州　大仁田？　は？　だからなんだよ？

――いえ、妙におもしろいエピソードだなと思いまして、いちおうお伝えしました（笑）。

長州　はい？　べつに笑うとこじゃないじゃん。大仁田だっていいじゃないか。

――「大仁田だっていいじゃないか。みつお」ですね（笑）。

長州　えっ、俺はおまえの笑いのツボがわからん！（笑）。堪忍してよ。でも武尊くんが大仁田と会うタイミングなんてないだろ？

――少年時代に、地元の米子に来たＷＪの興行を観に行ったときにもらったみたいです。そこも含めてレアなエピソードだなと。

長州　やめとけ。

――やめときます……。

長州　（不機嫌そうにブーツの靴ひもを結び直しながら）ところで、これは『ＫＡＭＩＮＯＧＥ』？

――はい。『ＫＡＭＩＮＯＧＥ』です。

長州　『ＫＡＭＩＮＯＧＥ』はいつ以来だっけ？

――前回は猪木さんが亡くなられた直後にお話を聞かせていただきましたので、10月の頭ですね。

長州　ああ、そうだったか。まあ、山本たちはそういうことを伝える仕事だからアレだけど、なんか虫が湧いて出てくるように、いろんな連中が会長（猪木）の名前を使っていろいろやってるよな。ちょっと胸糞悪い。

――胸糞悪いですか。

長州　なぜヤフーニュースってプロレスの記事があんなにたくさん載るんだろうな？

――ああ、たしかにそうですね。世間のプロレスへの関心度を考えたら多く感じるかもですね。

長州　めちゃめちゃ多いよ。それが不思議でしょうがない。今日はこれを俺は山本に聞こうと思ったんだ。

――読まれた数字でシビアに取り上げる記事を選んでいるでしょうから、プロレス関連のニュースは多くの人たちに読まれているんでしょうね。プロレスとネットの相性もいい気がしますし、見出しが作りやすいというか。

長州　ふうん。まあ、べつにいいんだけど。なんかいまは「会長の名前を出したら何かメシが食えるのかな？」っていう考えが出てきてるよ。それくらいみんな会長のことを語ってる。

「おまえいま、俺が『ブレイキングダウン』に出たらおもしろいと思ったか？堪忍してよ」

――あとはたとえば長州さんのツイートを拾って、ニュースが1本書けるとか。

長州　ああ、東スポとかな。俺、（マネージャーの）谷やんに言って、東スポでとぼけた記事を書いているヤツを呼んで、俺の口から「もうおまえたち、食いつくな」って言ってやろうかなと思ってる。まあ、とにかくいろんなのが湧いて出てきたよ。しかも昔は記者とかやっていたアイツも。アイツの名前はなんて言ったっけ？　なんか今回、突如として湧いてきたじゃん。

――谷川貞治さんですか？

長州　おー、そうだ。俺のいちばん嫌いなヤツだよ。

――えっ、いちばん嫌いなんですか？

長州　まあ、いちばんかといえばそうじゃないかもわかんないけど嫌い。アイツはいまどういうポジションなの？

――巌流島という格闘技イベントのプロデューサーで、（2022年の）年末に『INOKI　BOM－BA－YE』と組んで興行をやるんですよね。

長州　けっ。いままで何もしていなかったヤツが突然なんなんだ。まるでプロレスの世界には餌場があるかのように寄って来たよな。ここにきて、いろんなのがおこぼれをもらいに出てきやがる。その興行はよその団体から選手が出てやるのか？

――そうですね。RIZINとかからも出ますし。

長州　まあ、俺が「やめろ」とか言うアレでもないし、そん

な立場でもねえけど。でもアイツらがそういう興行をやろうって思うってことは、また時代が少し刺激を求めてるってこと？　ちょっと昔は格闘技のほうも流行ったりしたけど、一度終わったじゃん。それでもみんなはずっと好きだったってことなのか？　いまの時代はあの1分間で闘うアレとか。

――『ブレイキングダウン』ですね。長州さん、マジでなんでも知ってますね（笑）。

長州　あ？　勝手に目に入ってくるだけだよ。あ？　おまえいま、俺が『ブレイキングダウン』に出たらおもしろいと思ったか？

――まったく思ってなかったです。

長州　俺がいくつだと思ってるんだ？　堪忍してよ。冗談なことを言うんじゃないよ。

――ボクからは冗談は一言も言っておりません……。

長州　勝手にブッキングするなよ、本当に。

――しないです。ボクは長州さんが〝革命ニキ〟とか呼ばれ出したりしたら悲しいですよ。

長州　まあ、それはさておき。本当にここにきていろんなヤツらが湧いて出てきたな。よくもそんなことを言って、やったりするなって。みんな自分の持ち場に戻って、自分に合った仕事をやって生活していけよって。それじゃメシが食えねえのかな？　また、こんなことを言うとああだこうだ言ってくるだろうけど、まあ、いいんだ。ああいう連中にああだこうだ言われても。プロレスのOBと一緒だよ。一生懸命にプロレスに携わったはずのヤツが業界のことをああだこうだ言って、みんな消えていったよね。もう誰も表に出てこなくなっちゃったじゃん。絶対にそうなっちゃうんだもん。俺がもう業界とは距離をあけたいっていうのは、それは俺なりの考えで生きているんだけど、やっぱりいまだにテレビとかに出ると芸人さんとかから俺はプロレスラーっていう印象で見られちゃう。それは仕方のないことで、ちょこちょこっと付き合って会話はしてあげるけど。まあ、ああだこうだって言ってたヤツらは見事に消えたし、逆にまた入れ替わりで違うヤツらが湧いて出てきたな。アゴをまわすヤツと、ヤキがまわったヤツとが入れ替わりで。

――言いまわしがさすがすぎますよ。

長州　あ？　もし、アゴもヤキもまわっていないっていうんなら、ずっと活躍してりゃよかったじゃん。なんだ、急に消えたり出てきたりして。俺は自分で人を見る目があると思ってるんだけど、あの谷川っていう野郎はとにかく曲者だよ。まあ、アイツに限らないけどな。だから俺は昔の学生時代の仲間と会うとホッとする。やっぱり体育会系の連中、先輩後輩なんかと会っていろんな話をするとホッとする。気持ちがなんとなく安らぐというか。

「みんな気づいていないだけで、誰でも無意識にマッチメイクをやっているんじゃないかなって思うんだけどね」

——レスリング時代の。そういうときは長州さん以外の先輩後輩の人たちもみんな安らいでいるんでしょうね。

長州　だから業界の人間よりもそっち関係のほうが俺は気になるよね。アイツはまだ元気なのかとか、どこで何をしてるのかとか。それは常にあるよ。

——でも、たまに会ったりするからいいんでしょうね。

長州　あっ、そうそう。たまに電話がかかってきたりとかね。それで声が聞けたときに「おう、いまウチの大学はどうなんだ？　なんか最近名前を聞かねえな」とか言って。やっぱり目指したものが同じだったわけだから、そりゃそうだよ。果たして当時、何人が辞めていったんだろうな。深夜に体育寮の窓から「ボタッ、ボタッ」と音がするんだよ。

——夜逃げですね。

長州　最初、俺は身投げでもしたのかなと思ったよ。そうじゃなくて荷物を落とす音だよ。俺は1年のはじめの頃はその音の正体がわからなかったんだよ。まあ、夏の合宿が終わるまでは多かったね。みんな上から荷物を落として「ボタッ、ボタッ」って。

——1年の夏合宿を乗り切っちゃうと観念するんですか？

長州　いや、観念じゃなくて、ようやっと動けるようになる。

——あっ、練習についていけるようになるってことですね。

長州　そう。いやあ、凄かった。でもプロレスの業界はみんな下の選手や上の選手もそれぞれだから、そんなにたいした上下関係でもない。個々の世界だから。ただ、俺らの学生時代ってのは矛盾した世界だよね。「なんで俺がこんなんで殴られねえといけないんだ？」とか、あるいは連帯責任だったりとか。「なんでだよ。俺はちゃんとやってるのに」って。でも、それでみんなが統一されていくというか連帯感が生まれてくるんだよ。もう大学を卒業してから何十年だ？　あの頃の連中とはいまだに半世紀にわたってつながりがあるんだから。こっちの業界はもうつながりなんかまったくない。たっつぁん（藤波辰爾）くらいのもんだ。あとはバカな敬司と。

——武藤さん。それと蝶野さんくらいですかね。

長州　敬司とか蝶野は俺が手を引いて連れて歩かないといけないじゃん。だから使命感みたいなものがあるよ。なのにアイツらはその反対を考えていやがる。「俺が長州さんを連れて歩かなきゃいけない」って。けっ。堪忍してよ。

——お互いに同じことを思っているわけですね（笑）。

長州　バカタレが、本当に。また今度ギャフンと言わせてやろうと思って。だからこの業界はそうやってからかってやり合ってるのがちょうどいい感じだよ。ただまあ、みんなここにきて一斉に会長を崇拝したような言葉が出てくる。いったいいままでおまえはどこにいて、どこから出てきてそんなことを言ってるんだって。俺自身の会長に対する見方っていうのはやっぱりちょっと違う。まあ、みんなそれぞれに違うとは思うんだけど、ここはなんかひとつ、みんなで思いを合わせておこうっていう空気を感じろんだよな。前も言ったけど、会長は自分自身を〝マッチメイク〟していた。それが俺なんかからしたら「すげえことを考えるな。そんなの本当にやれるのかよ……?」って理解できないようなことばかりで、だからそういう人がしゃべる言葉の凄さってあったよね。「長州、国会の中はみんなマッチメイクだぞ」っていう。

——政界に飛び込んだ猪木さんが、長州さんに言った言葉ですね。

長州　最初は意味がわからなかった。「みんなマッチメイクってどういう意味だ?」と。とにかく会長はそういう考え方で政治の世界でも闘っていたんだと思うよ。で、俺もそういう部分は生きる上でヒントになっているよね。

——そこで長州さんは「人生をマッチメイクしよう」と思ったっていう。

長州　そうなんだよ。それが財産じゃん。でも、それってみんな気づいていないだけで誰でも無意識にやっているんじゃないかなって思うんだけどね。山本だって、今日の朝起きて「今日は長州さんと会うな。めんどくせえな」って思っていたのに、そんな思いは心のどこかに閉まって、ここにニコニコしながらやってきたじゃないか。

——長州さん、そんなことはないです！　今朝起きた瞬間からニコニコでしたよ、ボクは。

長州　何を言ってるんだ。あっ、だからそうじゃん。おまえも無意識なんだよ。

「おい、誰かチャッカマン持ってこい！　山本、その減らないタンを塩かけて食ってやるぞ!!」

——でもボクは長州さんと会うことが面倒だとは思っていないですよ（笑）。

長州　いや、山本。おまえは間違いなく本心ではめんどくさがってるけど、いつもうまく立ち回る。だから、おまえはある意味で天才レスラーなんだよ（笑）。

——えーっ!?　でもなんか嬉しいですね、それは（笑）。

長州　おまえの仕事に対する捉え方っていうのも全部マッチメイクじゃん。谷やんがコレ（ピンハネ）をやるのもマッチメイクのようなもので「この先、こういう仕事が何件入ってるな」とか常に計算して動いてやがる。

——ちょっとよくわからなくなってきましたけど、それもマッチメイクなんですか？

長州　そうだよ。

——いや、それはただの不正ですよ（笑）。

長州　バカッ。ハッキリと「不正だ」って言えないじゃないか。だって俺のマネージャーだぞ？（笑）。

——身内の恥というやつですね（笑）。

長州　それで谷やん自身も、ずっと俺に泳がされていることに気づいてるんだよ。

——でも、そんないまの関係がお互いに幸せだと。

長州　アイツはもう10年以上も泳ぎ続けてる。たいして大きな魚じゃないんだけどな。

——自分のマネージャーなのに、よくそこまで言いますね（笑）。

長州　そんなたいした魚じゃないくせに、いつか絶対に釣り糸をプツンと食いちぎるときがくるんだから。

——あっ、口にずっと釣り針がついている状態で泳いでるんですか（笑）。

長州　そうだよ。まあ、もはやどっちが釣り師なのかはわからない状態だけどな。ひょっとしたら、いまは完全に俺が釣られてる魚のほうかもわかんない。

——いま長州さんは泳がされている魚側なんですね。でも、そこにあまりストレスはないと？

長州　それがあるんだよ（笑）。だから、またアイツを釣り堀の魚みたいに口のまわりがボロボロになるくらいまで泳がせてやらなきゃと思ってる。キャッチ・アンド・リリース！　そしてまたキャッチ！　おそらく、この闘いはどっちかが死ぬまで続くだろうな。

——長期戦かつ死闘……!!

長州　でも本当だよ。山本も谷やんも背中にいろんなものを背負いながらマッチメイクをして、残り少ない人生を生きていくんだから。

——残り少ない。

長州　残り少ないじゃん。俺なんてあとわずかじゃん。

——お言葉ですが、長州さん。同世代の人たちと比べて長州さんって元気すぎませんか？

長州　それね、こないだ同じことを家内からも言われたよ。でも、それってどういう意味？　俺には「1回くらい倒れてみたら？」っていうふうに聞こえるんだよな。

——奥様はどういうお気持ちかはわかりませんが、自分はそんなつもりはまったくないです。

長州　奥様はわからないだと？　おい、誰かチャッカマン持ってこい！　山本、その減らないタンを塩かけて食ってやるぞ!!

——めちゃくちゃ怖いことを言わないでください（笑）。

長州　フン。おまえたちが思ってるくらいに元気だったら、俺はもう1回オリンピックに出てるよ。堪忍してよ。

「オリンピックが汚されてるよね。政治家とか企業とか、自分たちが競うわけでもないのにな」

——そこまでお元気だとは思っていないです（笑）。

長州　あとでまた道場に行くけど、こないだ若いヤツがひとりで道場で練習してたから、ちょっとうしろに立ってもらって「挙がらなかったらヘルプしてくれよ」って言ったんだよ。

——ベンチプレスですか？

長州　うん。こないだ俺、何キロ挙げたと思う？

——えっ、まったく見当もつかないです。

長州　130。

——えっ、130キロ!?　いまだにですか！

長州　2回だけどな、130挙がった。さすがにパッとベンチから立ち上がった瞬間に頭がフラフラッとしたけどな（笑）。

——普段はベンチプレスは100キロくらいを挙げてるんでしたっけ？

長州　まあ、最近は90ぐらいだな。

——おかしいですよ、マジで（笑）。道場ではベンチプレスとあとは何をやられているんですか？

長州　スクワットとカールとプッシュのやつ。あとはスキーのマシンがあるからそれを10分と、自転車を10分で計20分。
——めちゃくちゃやってるじゃないですか。
長州　いやあ、ゆっくりやるから1時間ほどで全然終わる。でも、いまだにやってないと身体がおかしくなっちゃう。
——長州さん、オリンピックに出ましょう！（笑）。
長州　バカッ！
——「長州力、オリンピック出場」は、ワールドカップの熱狂をごっそり全部持っていきますよ（笑）。
長州　堪忍してよ。でも年代ごとのオリンピックとかないのかね？　俺は70歳以上のシニアだったら軽くいけるね。
——マジでいけますよ。ブッチギリでしょうね。
長州　そのかわり準備で体育寮に半年間は消えるね。
——そうなったら専修大学で合宿するんですね。
長州　もし、そういうレベルの目標が立てられたら、俺は間違いなく半年は消える。昭和39年、俺が中学1年のときに東京オリンピックを観て「うわっ、これに出たいな！」って思ったのが最初なんだよ。
——中1からオリンピック選手に憧れたんですね。
長州　それが夢の始まり。俺、それでパンツ1枚持って斎藤道場に行ってさ。
——語り口が完全に矢沢永吉です。
長州　まあ、同じような時代だよ。でも斎藤道場は山口県内にあったから夜汽車には乗ってないけどな。
——そして1972年、本当にミュンヘン・オリンピック出場を果たして。
長州　俺、それなりのことはやってたからね。ただ、テレビでもやってるけど、いまってオリンピックが汚されてるよね。政治家とか企業とかすべて利権、利権で。そういう裏側を見ちゃうとオリンピックはもう日本ではやらないほうがいいんじゃないかって思うよ。選手村に何千食もの弁当を積み上げて、それが毎日廃棄。いいかげんな催し物をちょこちょこっとやって、それで何十億、何百億だからな。企業がやることってすげえよな。あれは本当にアスリートを愚弄してるよ。自分たちが競うわけでもないのにな。
——それでアマチュアリズムとか言って。
長州　世の中のすべてがそうだとは思いたくないんだけどな。まあでも、聞けばああだこうだ、みんなそうなんだろうなって思うような話ばかりだ。だから話をつなげるわけじゃないけど、会長のことを「凄い人だ！」って言って、会長の言うこと全部について行くっていうのは……俺は止まるところでは自分で止まったもんな。あとのことがまったく見えなかったから。だから正直に言うと、会長に対してはそういう見方も俺なりにはしているつもりだったんだ。それが正しいかどうかはわからないけど、だからこうやっていまの俺があるんじゃないかって思うんだよ。

「この世の中、清廉潔白な人間が揃ってりゃ戦争なんて起きやしねえんだから。奪ったり、奪われたりだ」

——自分にブレーキをかけながら、どっぷりとアントニオ猪木に染まることはなかったと。

長州　猪木イズムっていうところにあまりに入っていっちゃうと、やっぱり会長にだって好き嫌いっていう感情はあるし、そぐう、そぐわないっていうのもあるから完全な人間ではないわけじゃん。聖人じゃないんだからさ。ただ、そういうことも考えさせてくれたことも含めて会長には感謝してるよね。だから俺は人を見る目を持っているわけだからさ。

——長州さんって、ちょっとでも怪しいなと感じた人物とはすぐに距離を取りますよね。

長州　ひとつだけ俺が失敗したのはマネージャー選びだけだよ。

——またその話ですか（笑）。

長州　谷やんとは殺るか、殺られるかだからな。ハッキリ言うとさ、アイツは選ばれた人間じゃないんだよ。消去法でマネージャーになったという暗いバックグラウンドがある。

——そんなことをハッキリと言わなくても……（笑）。

長州　たとえば、たっつぁん（藤波）にはアントニオ猪木がどう見えていたのかっていうのは気になるよな。俺以上にずっと近くにいたんだから。まあ、たとえ誰であろうがみんな会長にお世話になりながら生きてきたわけだ。そこでプロレスのことをああだこうだ言った人間たちは消えていったことも不思議だけど、そういう人間たちが消えていったらまたわけのわからない谷川みたいなのも出てきて、ざわつかせるしな。あんなのが「アントニオ猪木のために力を合わせよう！」って言ってる。いったいなんなんだよ。

——大きな意味で、長州さんにとってのアンチテーゼという か対立概念ってなんですか？

長州　アンチ？　そんなものはべつにないよ。

——ないですか。

長州　うん。まったくない。アンチがあるとしたら……まあ、〝谷やん的な何か〟だろうな。アイツは社会の縮図。そんな巨大な相手と毎日闘っていることは間違いない。谷やんにも同じこと聞いてみな？　俺の名前を出すはずだよ。

——えっ？　ひょっとして、いま本気で関係がよろしくなかったりしますか？

長州　あ？　いつ俺がそう言った？　そうやっていたずらに煽らないでくれ。みんな煽るんだよな。まあ、こうやって言われていれば向こうからもなんらかの反応があるだろ。

――長州さん。誌面を使って最終局面的なキャッチボールをしようとしないでください。

長州　まあ、最後に逃げる言葉はみんなそれぞれだ。この世の中、清廉潔白な人間が揃ってりゃ戦争なんて起きやしねえんだから。奪ったり、奪われたりだ。

――だんだん山賊の告白みたいに聞こえてきましたよ。

長州　オセロをやっているようなものだよ。ポン、ポン、ポンって、いつ俺の白が全部真っ黒になるのかっていう。まあ、谷やんにかぎらず、俺の場合は家庭でもそう。もう毎日がオセロ。全部白から黒にあっという間にひっくり返される。家に帰ったって存在感も何もないよ。

――この身体のサイズで存在感がないってよっぽどですね。

長州　ない、ない。本当に。それが熱海の真実。ただ、もうそれにも慣れてきて、最近はこっち（都内の仕事部屋）にひとりでいる時間のほうが俺らしいなと思ってる。で、たまに家族から電話が入ってきて「うん、うん。はいはい、わかった」ってやる程度で。山本、もうそこには触れるな。そっとしておいてくれ。みんな、それなりに一生懸命に生きて自分でマッチメイクしてるんだから。でも、なんか俺自身は最近はマッチメイクがブレてきたな。

――そう感じるんですか？

長州　感じるね。本当にプツンと消えなくてよかったなと思って。ベンチを2回挙げただけでもう感覚が「ああ……」って。現役のときなんて130くらいは何回もセットでできたのに。

――また〝マッチメイク〟の意味がよくわからなくなってきました。それもマッチメイクのブレなんですか？

長州　全然だよ。

――「全然だよ」？（笑）。

長州　普段は道場に行っても90キロくらいのセットで終わってるんだから。でも力があるからって長生きできるものでもないけどな。山本、とにかく肉は食ったほうがいいぞ。歳をとるとみんな健康に気を使って肉を食わなくなってくるじゃん。逆なんだよ。まわりを見渡すとガンガンに肉を食ってる人間のほうがエネルギッシュだし、長生きしてるじゃん。まあ、歯も悪くなってきてなかなかアレだけど、ちゃんと自分でマッチメイクして考えてうまくやれよ。ウン。

長州力（ちょうしゅう・りき）
1951年12月3日生まれ、山口県徳山市（現・周南市）出身。元プロレスラー。
専修大学レスリング部時代にミュンヘンオリンピックに出場。1974年に新日本プロレスに入団し、同年8月にデビューを果たす。1977年にリングネームを長州力に改名。メキシコ遠征後の1982年に藤波辰爾への噛ませ犬発言で一躍ブレイクを果たし、以後、"革命戦士"のニックネームと共に日本プロレス界の中心選手となっていく。藤波との名勝負数え唄や、ジャパンプロレス設立からの全日本プロレス参戦、さらに新日本へのUターン、Uインターとの対抗戦など、常にプロレス界の話題のど真ん中を陣取り続けた。2019年6月26日、後楽園ホールで現役ラストマッチをおこなった。

バッファロー吾郎Aの
きむコロ列伝!!

Buffalo GoroA

第132回 松たか子さんにインタビュー

バッファロー吾郎A

バッファロー吾郎A/本名・木村明浩（きむら・あきひろ）1970年11月24日生まれ/お笑いコンビ『バッファロー吾郎』のツッコミ担当/2008年『キング・オブ・コント』優勝

この原稿を書いているのは12月初旬。12月に入って急に寒くなり年末感がぐっと増した。年末といえば重大ニュース。2022年はいろいろあったが芸能でいちばんよかったニュースは『松たか子、バッグに大量の食パン！ 現場で「秋のパン祭り」開催か』だ。松さんは現場で山崎パンの看板商品『ロイヤルブレッド』を振る舞ったらしいが、山崎パンのCMに出演している松さんなら無料でパンをもらったとしても誰も文句を言わないのに、ちゃんと購入し、調理して振る舞うというのが素晴らしい。

私は松さんのことを考えているうちに眠ってしまい夢を見た。人の夢の話はつまらないモノだが興味深い内容だったので紹介したい。

私は雑誌『シモノゲ』の取材で松たか子さん（以下、松）にインタビューすることになった。

——松さん、ご無沙汰しております。『シモノゲ』で松さんにインタビューさせていただくのは今回で二度目です」

松　約6年ぶりじゃないかしら。

——憶えてくれていたんですか。

松　もちろん。

——嬉しいなぁ。あれからも毎月後楽園でプロレス観戦をされていたんですか？

松　さすがにこの数年はコロナで難しかったんですが、こないだはひさしぶりに声援OKの大会だったので「いい試合だー！」って叫びました。

——そんなマニアックな声援を（笑）。

松　後楽園でのプロレス観戦はホント最高です。

——最高といえば、松さんがロイヤルブレッドを大量に買って現場で振る舞ったニュースが最高でした。

松　山崎製パンの方は「ぜひプレゼントさせてください」と言ってくださったんですが、そこは丁重にお断りして買わせていただきました。

――松さんなら、べつにもらってもいいと思うんですが。

松　そのへんは剛力彩芽ちゃんと「山崎製パンさんに甘えちゃいけない」って話し合って。

――剛力さんと話し合いを？

松　今後の話もあって、定期的にふたりで会っているんです。

――今後というのはおふたりで何かされるんですか？

松　私と彩芽ちゃんが中心となって、山崎製パンさんのCMに出演している&出演経験のある女優たちで集まってジャンルにとらわれない活動をしていきたいと思って。プロレスでたとえるなら団体を旗揚げするというよりはロスインゴのようなユニットを結成しようかと。

――それはビッグニュースですね。松さん、剛力さん、現在出演中の方だけでもほかに酒井美紀さん、小芝風花さん、芦田愛菜さんと超豪華なユニットになりますよ。

松　芦田愛菜ちゃんに関してはちょっと……。

――えっ、何か問題でも？

松　彼女が出演しているのはパンじゃなくて中華まんのCMなんです。

――そこは気にしなくていいんじゃないですかね。

松　でもユニット名がパンにちなんでいるので。

――ユニット名がもうあるんですか？

松　はい。シンプルで覚えやすく、パンにちなんで『ブレッド・クラブ』です。

――新日のヒールユニット『バレット・クラブ』と似すぎているような。

松　ダメですか？

――悪さをしそうで山崎製パンさんのイメージが悪くなるかも。

松　nWoみたいに〝悪〟というより体制批判を前面に打ち出せばいいんじゃないですか？

――それだと山崎製パンさんをディスることになりますよ。

松　そうか。あんな素晴らしい会社をディスるなんて絶対ダメです。蝶野さんの「この会社は腐ってる」をモジって「この会社はカビてる」みたいなことも考えていたんですが。

――絶対やめたほうがいいです。

松　じゃあ、素直に山崎製パンさんが縁でできたユニットなので『山崎隊』は？

――山崎隊は実際にあったユニット名ですね。山崎一夫さんを中心に木戸修さん、飯塚高史さん、永田裕志選手と、関節技を得意としたメンバーが集まってました。

松　（スマホで検索しながら）ホントだ。狼群団と激闘を繰り広げていたんですね。

――パンは洋食なので、ユニット名はカタカナや横文字のほうがいいような。

松　（スマホを見ながら）山崎一夫さんが新日本の道場で最初に与えられた雑用は薬箱の管理なんだ。

――松さん、あのー。

松　あら、ごめんなさい。

――ユニット活動の第1弾はお芝居ですか？　このメンバーなら歌も。松さん？

松　永田選手って一度だけWCWでnWoとして登場したんだ。

――松さん、取材中にネットサーフィンするのやめてください！

松　あら、ごめんなさい。

ここで私は目が覚めた。

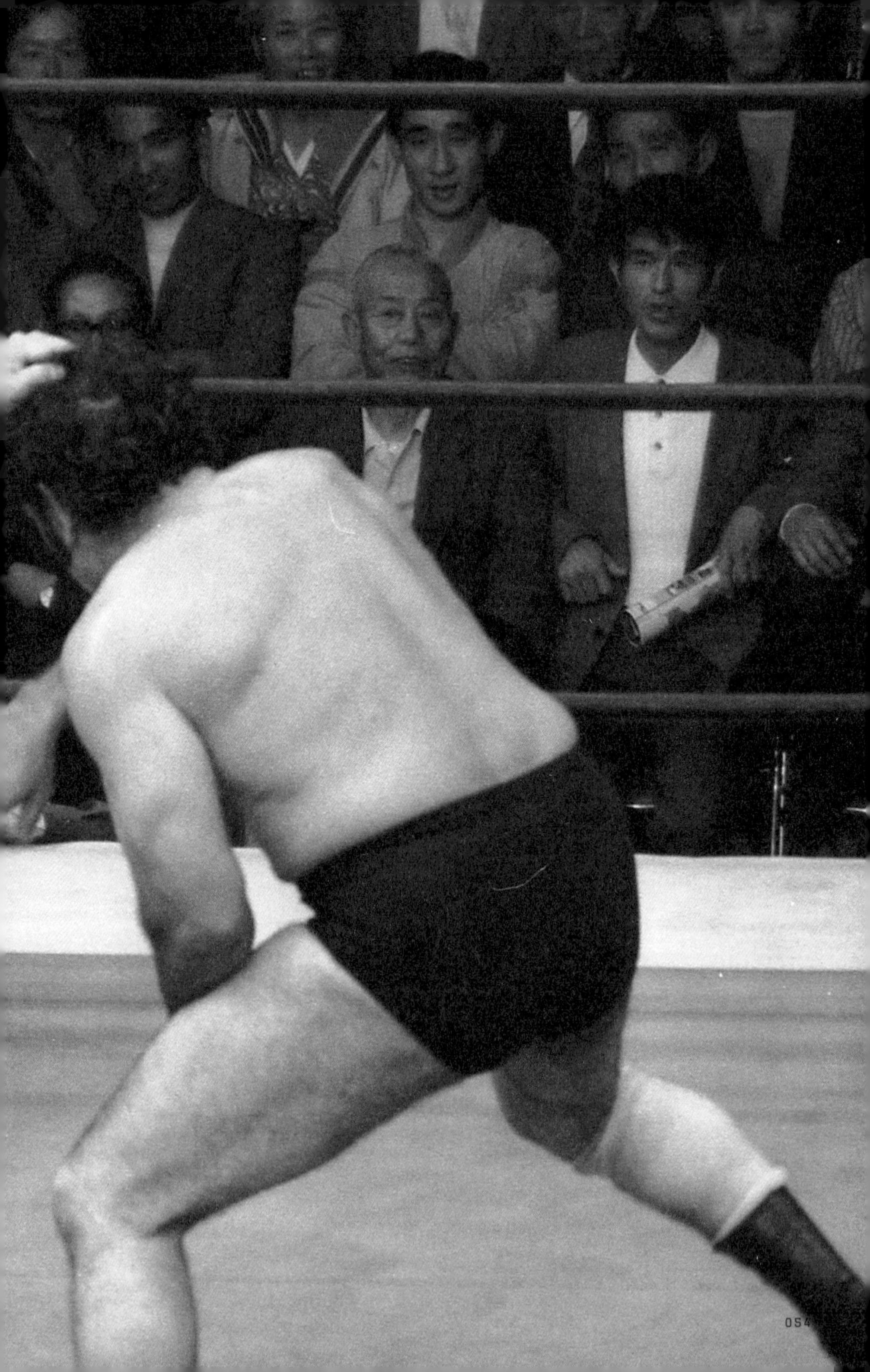

アントニオ猪木全盛期の実況アナウンサーにして
“燃える闘魂”というキャッチフレーズの
名づけ親が語る、猪木との美しき思い出。

収録日：2022年12月12日
撮影：橋詰大地
写真：山内猛
聞き手：堀江ガンツ

KAMINOGE LEGENDARY ANNOUNCER

[元テレビ朝日アナウンサー]

舟橋慶一

「その鬼のような形相は
まさに燃え盛る炎。
首には無数の筋が入って
筋肉が躍動している。
身体の安定したバランスに隙のない
美しさと力強さ。
それは〝燃える闘魂〟という言葉が
出てくるでしょう」

STORY

「会って2週間後にまた見舞いに行こうと思っていたら、啓介さんから『兄貴、亡くなっちゃった』って電話がかかってきたんです」

——舟橋さんは日本プロレス後期から70年代半ばまで、まさに猪木さんの全盛期に実況されてきたわけですけど。その猪木さんの訃報を聞いたときは、どんな思いがありましたか？

舟橋　ボクは猪木さんと毎月連絡を取っていたので、急にわかったような感じではなかったんですよ。ただ、夏を過ぎて元気になってきたと聞いていたから、ちょっと安心してはいたんですけどね。

——元気になってきているという話だったんですね。

舟橋　弟の啓介さんからもそう聞いていたから。それで亡くなるちょうど2週間前の9月17日だったかな、土曜日の午前中に啓介さんから「兄貴が今日は元気ですから、来ませんか？」っていう電話がかかってきたんです。それでしばらく話していたら「兄貴が『出たい』って言うんで代わります」と言うんでね、猪木さん本人に代わってもらって。「元気ですかー」って、ちょっと元気ではない弱々しい声で言われて、猪木さんからも「今日、来ない？」って細い声で言われたので、「わかりました、午後に伺います」っていう話になってね。それで午後2時ごろに渋谷からタクシーで向かったんだけど、電話口であまり元気がなかったから、会ったら少し笑わせてやろうと思ったんですよ。昔、ボクも猪木さんにジョークでよく励まされたりしたから。

——ダジャレも好きですしね。

舟橋　猪木さんはけっこう人を笑わせてよろこぶ人だから、こっちが笑わせてやろうと思ってね。何がいいかなと考えたら、昔一緒にアメリカに行ったときのエピソードを思い出したんですよ。１９７４年3月19日に蔵前国技館で猪木vsストロング小林のNWF初防衛戦がありましたよね。その２日後にオハイオ州クリーブランドでアーニー・ラッドの挑戦を受けることが決まっていたんですよ。

——そんな過密日程だったんですか。

舟橋　そうなんですよ、小林戦の翌日にね、すぐにアメリカに飛ばなきゃいけなかったんだけど、猪木vs小林戦があまりにもいい試合でしたでしょう。蔵前から社に戻って、誰彼ともなく打ち上げ的な雰囲気でね、スタッフと朝まで飲んじゃったんですよね（笑）。

——ついつい気分が高揚して（笑）。

舟橋　気がついたら朝5時で、一旦帰宅してシャワーを浴びて15時くらいの飛行機に乗ったんだけど、朝まで暴飲暴食したもんだから痔になっちゃったんです（笑）。飛行機に乗っている間も痛くて、もう座るのが嫌になっちゃってね。

——現地に到着するまで10何時間かかりますもんね（笑）。

舟橋　それでなんとかクリーブランドアリーナに着いて下見をしていたら、ボクが痔で苦しんでるっていう話を聞いた猪木さんが来てね。「痔は俺が治してやるよ」って言うんですよ。「どうやって治すの？」って聞いたら、飴玉をタコ糸で結いたものを取り出して「とにかく騙されたと思って、これを持って振ってみな。痔がすぐ治るから」って言うんですよ。「こんなの振っても治らないでしょ」って言ったら、「でもね、昔から言うでしょ？『飴振って痔固まる（雨降って地固まる）』って。ダーハッハッハッハ！」って（笑）。

——じつに猪木さんらしいジョークですね（笑）。

舟橋　そんなことを思い出したから、今日はその話をしてやろうと思ってね。不二家で飴玉を買って、タコ糸は１００円ショップで買って。それで見舞いに行ったら、あまり元気はなかったけどいろんな話をしてね。そのときに「昔、猪木さんに痔を治してもらったんだよね」って言ったら、最初は「そんなことあったか？」っていう顔していたんですよ。でも「クリーブランドでこれをもらったんだけど、憶えてる？」ってタコ糸に結んだ飴玉を取り出して、「これを振りながら『飴振って痔固まる』って言われたんだよ」って言ったら、本人も思い出してニヤニヤ笑い出してね。

——50年近く前に自分が言ったジョークを思い出して（笑）。

舟橋　そんなことで面会時間の30分は経っちゃったんだけど、猪木さんの笑顔が見られて、少しは元気づけられたかなと思ってね。それで帰り際に猪木さんが「また〝舟さんの会〟に行くよ」って言ってくれたので、「10月、12月にやるから、また来てよ」って言ったら「これが治ったら行きたいね」って、そんな話をして別れたんです。

——〝舟さんの会〟っていうのは、舟橋さんの『伝承の会〝闘魂〟語り部塾』という講座ですよね。

舟橋　そうです。コロナで2年半休んでいたんですけど、２０２２年からようやく再開できたんですよ。２０１９年3月19日にやったときは猪木さんがシークレットで来てくれてね。あの会は会費が３０００円か４０００円で、場所は闘道館だったから定員も40人くらい。参加者もまさか猪木さん本人が来てくれるとは思っていなかったんですけど、ボクが頼んだらギャラなんか度外視で来てくれて。みんな大喜びですよ。

——それは驚きますよ。普通、猪木さんにイベントに来てもらったら、かなりのお金がかかりますよね。

舟橋　それでね、9月17日に会いに行ったときは「また行くから」って言ってくれてね。それから2週間経って、そろそろまた見舞いに行こうと思っていたら、啓介さんから「兄貴、亡くなっちゃった」って電話がかかってきたんです。

「NHKが猪木さんが亡くなったあとに反響の大きさに驚いて追悼番組をバンバンやる。本来なら許し難いことですよ」

――そういうタイミングだったんですね。

舟橋　猪木さんは10月1日に亡くなったんだけど、啓介さんに「今日は取り込んでるから明日にして」って言われたから、翌10月2日に行ったんですよ。そうしたら2週間前に「治ったらまた行くよ」と言っていた同じベッドで、今度はご遺体になって寝ておられましてね。これはもうなんとも言葉が出ませんでしたね。

――どうしても2週間前の姿がオーバーラップしますもんね。

舟橋　ボクと猪木さんは出会ってから55年近くになるんですよ。だから50年以上の思い出があるんですけど、本人のご遺体を前にしたら、頭の中が真っ白になって何も思い出せませんでした。本当にいろんなことがあって、苦しい時代も楽しい時代もありました。あの人は夢に向かって努力した人だったと思いますよ。その努力の先に、数々の名勝負があった。1回目のストロング小林戦なんか、本当に素晴らしい試合でしたからね。

――亡くなられたあと、あの試合はいろんな番組で繰り返し流されてますよね。

舟橋　NHKが追悼番組をやっていたでしょう。でもボクに言わせれば、難病にかかってから世間のあまりのショックに反応してね、それも亡くなってからでは遅い。猪木が必死になって闘って「プロレスに市民権を」と訴えていた時代には見向きもせず、NHKは猪木さんの活動やプロレスをいっさい扱わなかったんだから。それどころか（モハメド・）アリ戦のときは、磯村（尚徳）さんが21時のニュースで「NHKが報道するまでもない茶番劇ですが……」と伝えたんですよ。あのときは猪木さんは落ち込んで、さすがにボクもはらわたが煮えくり返りましたねぇ。

――猪木さんと思いを共有されていたわけですね。

舟橋　それは私だけじゃなく、プロレスファンの多くがそうだったと思いますよ。それが猪木さんが亡くなったあと、反響の大きさに驚いて追悼番組をバンバンやる。アリ戦時代のプロレスファンならずとも本来なら許し難いことですよ。

――そういう経緯を知っているとそうなりますね。ただ、プロレスだけじゃなくて、猪木さんの政治活動や平和活動も丁寧に番組にしていたのはよかったなと思いました。再評価を促すという意味で。

舟橋　いや、猪木さんの政治活動や平和活動を報道するのも亡くなってからでは遅いんですよ。あれだけ貶しておいてね。猪木さんは本来、国民栄誉賞とかノーベル平和賞に匹敵する人だと思います。１９８９年の参議院選挙で初当選して以降は、北朝鮮、イラク、パキスタンなどのスポーツ外交も凄く熱心だった。猪木さんは実際に行動する人なんです。拉致被害者の問題についても政府は「最優先課題」なんて口では言うけど何もしない。でも猪木さんは北朝鮮に何度も行って、なんとか関係を構築しようとしたでしょう。イラクの人質解放にしても、他の政治家は口だけで何もしなかったけど、あの人はそれに挑戦して実際の成果につなげようと努力した。

――すぐに行動しましたよね。

舟橋　猪木さんは他の政治家が避ける国々に飛び込んでいくんですよ。飛び込んでコミュニケーション、特に信頼関係を取った上で相手の懐に飛び込む。イラクの人質解放なんかは政府はいっさい関与しないって言ったわけでしょ？　でも猪木さんは自分のお金と人脈で飛び込んでいって、実際に人質解放に結びつけた。同じ方法論をできる国会議員は誰ひとりとしていなかった。みんな自分の損得勘定ばかり考えている議員ばかりでしょ？

――そんな感じですよね。

舟橋　猪木さんはあのとき、日本人の解放だけじゃなく、他の国の人の解放にもつなげたんですよ。だからノーベル平和賞ぐらいは当たり前の人ですよね。北朝鮮の拉致被害者の問題にしても、政府がもうちょっとアントニオ猪木を活用したら、解決の道筋がついたんじゃないかと思いますよ。

――でも政府の意向と違うからか、猪木さんのそういう行動はあまり好意的に伝えられませんでしたよね。

舟橋　そうされると都合が悪い議員がたくさんいるんでしょう。それだけじゃなく、マスコミまでがそういう政治家や外務省、外務官僚に同調して猪木さんを潰しにかかったのが許せない。その急先鋒がNHKだから。

――昔からそうだったんですね（笑）。

舟橋　猪木さんは、ロシア、キューバ、北朝鮮、イラク、パキスタンとか、みんなが行きたがらない国に飛び込んで、時には酒を酌み交わしながら本音で話をして、国のためにがんばったと思いますよ。「外交が得意だ」なんて自画自賛していた方がいたけれど、とんでもない。日本の外交は基本的にアメリカと西ヨーロッパしか付き合わないし、あとは発展途上国に行って金をバラ撒くだけでしょ。そんなことなら誰でもできる。猪木さんはそうじゃなくて、誰にもできないことをやっていたんですよ。

「猪木はプロレスにスポーツの芸術性を追求し、馬場はビジネスに徹した。夢見るロマンチストと現実主義者の違いです」

――猪木さんは昔から「利害を超越して、誰もできないこと、誰もやらないことに夢として挑戦する。それが私のロマンで

ある」と言ってましたけど、それを政治の世界でもやっていたってことですよね。

舟橋　猪木さんが、そういう他の政治家が避ける国に飛び込んでいって問題を解決しようとした原点は、猪木vsモハメド・アリ戦にあると思いますよ。なぜかと言うと、アリ戦というのはほとんどの人が「不可能だ」と言ったことをやったでしょ。あれを実現させたことは、彼の中で相当な自信になったと思いますよ。それが政治家になったあと、「たとえ国交がなくても心を開いて話せば解決に向かうはずだ」という信念に変わったと思う。だから不可能を可能にしたアリ戦の実現が、その後の闘魂外交の基礎になったんじゃないかと思うんですよね。

――なるほど。では、このへんで日本プロレス時代から実況されている舟橋さんに、当時のお話を聞かせていただいてもよろしいでしょうか？

舟橋　ええ、どうぞ。

――NET（テレビ朝日）の放送が始まった頃、馬場と猪木のBI砲がツートップでしたけど、当時のふたりに対する舟橋さんの印象はどんなものでしたか？

舟橋　ふたりは決して交わらない両極端な性格だと思いましたね。まずアントニオ猪木は「求道者」なんですよ。自分のレスリングを徹底的に追求し、強くなるための鍛錬を怠らなかった人。それに対してジャイアント馬場は「経営者」という印象ですね。だから求道者と経営者の違いですよ。

――猪木はプロレスそのものを追求し、馬場さんはプロレスをしっかりビジネスとして捉えていたというか。

舟橋　そう言えるでしょうね。猪木はプロレスにスポーツの芸術性を追求し、馬場はビジネスに徹した。少しわかりやすく言えば、「夢見るロマンチスト」アントニオ猪木と「現実主義者」のジャイアント馬場ですね。

――それはわかりやすいですね。馬場さんはリアリストですけど、猪木さんは損得勘定抜きで何かを成し遂げようとしますもんね。

舟橋　そうなんですよ。それはプロレスのファイトスタイルにも表れていましたよね。アントニオ猪木は「すべてを懸けてこの試合に臨んだぞ」という姿を見せる。だから勝っても負けても歌舞伎でいう大団円の見得を切るんですよ。対して馬場さんは、とにかく勝つことに目標を置いたのだと思います。

――力道山由来のインターナショナルヘビー級や、NWA世界ヘビー級のベルトなど、目に見える勲章にもこだわりましたね。

舟橋　だからふたりは団体運営も対照的でしたよ。猪木は飽くなき闘魂で新しいことにどんどんチャレンジしていったのに対し、馬場は巨大組織NWAを大事にして団体を導いていった。「夢を追う燃える闘魂」と「保守的な権威にこだわる東洋の巨人」という感じでしたね。だからジャイアント馬場は常に組織の論理だったけれど、アントニオ猪木はプロレス界のローンウルフで常に孤独でしたよ。だから亡くなる前、「馬鹿のひとり旅」という言葉を口にしたんでしょう。

――時系列は前後しますけど、もともと舟橋さんは日本プロレス時代からNET『ワールドプロレスリング』で実況をされていたわけですけど。猪木さんが日プロを除名処分になり、新日本を旗揚げしてからの1年間は、ノーテレビのまま試合を続けていたときはどう思っていましたか？

舟橋　ボクは猪木の日プロ退団というのは、仕組まれた〝追放〟だと思っているんです。テレビ朝日のスタッフはああなったあともみんな猪木のフォローをしたがっていましたよ。やっぱり番組開始当初からの付き合いですからね。だから大田区体育館でやった新日本の旗揚げ戦にはボクも会場まで行って、「いつかまた、かならずね」という言葉にならない会話を猪木さんとしましてね。阿吽の呼吸というんでしょうか。

――NETの日プロ中継を続けながら、舟橋さんを含めたスタッフは「猪木の試合を中継したい」という思いが強かったんですね。

舟橋　でも契約がありますからね。その間にかならず猪木を呼び戻そう、あるいは新日本の映像をウチで流せるようにしようという想いは、NETスタッフはずっと持ち続けていたと思います。

――そうだったんですね。

舟橋　1972年の4月から馬場がNETにも出るようになるんですが、馬場と坂口征二の東京タワーズもがんばりましたけれど、やはり以前とは違う。そうこうしているうちに、5月に日プロの放送をやめた日本テレビに引っ張られる形で、馬場も7月末で日プロを退団してしまった。だからNETで馬場の試合を放送したのは、24試合だけだったんですよ。

「いつも放送で意識していたのは猪木の
その燃えたぎる闘魂をどう伝えるか。
プロレスはスポーツの芸術性の表現であり
壮大なスポーツドラマなんです」

――わずか4カ月間だったわけですもんね。

舟橋　4月3日から馬場が登場したところで、視聴率が一気にとはね。わずかな上昇はありました。その馬場が辞めたあとは、坂口がUNを獲って、大木金太郎がインターのベルトを獲りました。とにかく当時は坂口選手頼りだったんです。坂口さんはがんばりましたからね。

――インター王者の大木さんは、馬場、猪木と比べるとだいぶ地味でしたからね。

舟橋　だから坂口さんがすべてでした。それで坂口は吉村道明と組んで、かつて猪木&吉村組が持っていたアジアタッグのベルトを巻いたり、UNのほうも田園コロシアムと大阪府立で初来日のザ・シークとの2連戦をやったりしてね。その がんばりで視聴率的にも助けられました。だから日プロの末期は「いつか猪木と、坂口と一緒にやるんだ」という気持ちで我々は仕事をしていたし、坂口と猪木の合体がNETの大目標でもあったんですよ。

——紆余曲折ありながらその猪木—坂口合体が実現したからこそ、1973年4月の新日本プロレスレギュラー放送開始のとき、舟橋さんから「プロレス界の夜明け」という名文句が出たわけですね。

舟橋　そういうことですよ。だから「いつか猪木の試合を放送するんだ」という気持ちを我々は持っていたし、そうなるように努力した結果が猪木と坂口の合体だったんです。そして日本プロレスというのは、なるべくして崩壊したんだと思いますよ。

——歴史を紐解くと、崩壊したのも必然だと思いますよね。

舟橋　日プロ末期に、坂口が「新日本と合体して、猪木さんとまた一緒にやりましょうよ」って言ったときに反対した、大木をはじめとした残党と呼ばれる人たちはやっぱり見誤ったと思いますよ。あそこで新日本と日本プロレスが合体していたら、恐るべき力を持ったはずなんです。NWAの外国人招聘ルートもまだ日本プロレスにありましたから。

——崩壊したために手放すことになったわけですもんね。

舟橋　それをみすみす全日本に渡してしまったんだから。あの日プロ末期、いちばん困っていたのが上田馬之助なんですよ。ボクも何度か一緒に酒を飲んで話を聞きましたけど、馬之助は猪木が日プロを除名処分になったあと、「自分も猪木さんと一緒に辞めたいぐらいだ」と言っていたんですよ。

——そうなんですね。

舟橋　だから末期に坂口が日プロの選手たちに「猪木さんと一緒にやりましょう」と提案したときも、馬之助に「なんとかそれで話をつけてもらえませんか?」ってボクは言われましたからね。だからボクは猪木さんのほうにも「馬之助は一緒にやりたがってるよ」って言ったんだけど、猪木は黙っていましたけどね。

——猪木さんからすると、除名処分になったときの「上田密告説」が引っ掛かってたんですかね?

舟橋　いや、そうじゃない。猪木さんはそういうとき、すぐには反応しないんですよ。いつか一緒にやることになったとき、どういうふうに使ったら馬之助がいちばん活きるのかを考えていたんでしょう。ボクにはそれがすぐわかった。だから案の定、その数年後にタイガー・ジェット・シンとタッグを組ませて、あれだけの活躍をさせたからね。

――そして1973年4月からNET『ワールドプロレスリング』で新日本の中継が始まったわけですけど、舟橋さんは猪木さんの試合を実況するとき、どんなことを心がけてましたか？

舟橋　〝燃える闘魂〟というのはボクが命名したのですが、いつも放送で意識していたのは、猪木のその燃えたぎる闘魂をどう伝えるか、ですよ。それはスポーツの芸術性の表現ですね。プロレスは芸術性を帯びた壮大なスポーツドラマなんです。特に猪木のプロレスの場合、闘いにストーリー性がある。つまり感動を呼ぶ試合には物語があるんですよ。プロレスラーというのは、格闘家であると同時に、最高のアクターでなければ務まらない。ゴングが鳴った瞬間、新しいドラマが始まり、舞台の俳優とは違って台本がない状況で、相手との阿吽の呼吸の中で技と技によって物語を紡ぎ出していく。そして猪木は、類まれなる強靭な肉体と不屈の精神を総動員しながら観客に訴えていくわけです。ボクはそれをテレビの向こうに克明に伝えていく。ただ、技を紹介するのではなくてね。

――ストーリーテラーの役割も果たそうと。

舟橋　でも力に差がある相手だと阿吽の呼吸が成立しないから、ドラマがなくなってしまう。そんなときは猪木が自分で引っ張るしかない。だから本当に力があるドリー・ファンク・ジュニアやビル・ロビンソンとの試合は珠玉の名勝負となったし、猪木はそういう相手を常に探していたと思う。そしてプロレスラー以外のそういう相手が、モハメド・アリだったと思いますね。

「アントニオ猪木のいちばんの魅力は表情。それは顔だけではなく、全身から醸し出す筋肉の躍動感。猪木の中の格闘美学ですね」

――アリもボクシングに芸術性を求める人でしたもんね。

舟橋　だから当時は猪木vsアリを「世紀の凡戦」と揶揄する人もいたけれども、そういう人は格闘技の芸術性をわかっていないんですよ。あれを「茶番劇」と言った人たちは、ふたりの闘いに何を望んだのか。相手が再起不能になるまで打ちのめして二度と立ち上がれないようにすることを期待していたのか。最初に言ったNHKニュースの磯村尚徳さんさんの報じ方にしても、スポーツが持つ芸術性、ひいてはプロレスが持つ芸術性をまったく理解していないのではないかと感じざるをえなかった。これはとても残念な出来事だった。

――まさにそうですね。

舟橋　彼らは異種格闘技戦に何を求めたのか？　スポーツであるという原点を無視しているのか無知なのか。ボクもアリ戦から数年間は、あの試合を「世紀の凡戦」だの「茶番」だ

のって貶めることを言われるたびに反論していましたよ。「殺し合いだったらあなたは万雷の拍手を送るんですか？」「半身不随になるまで闘うことを期待したんですか？」って聞くと、みんな黙ってしまうんですよね（笑）。

――そうでしょうね（笑）。

舟橋　猪木さんは何を言われても立ち直りが早いんですけど、それでもアリ戦のあとしばらくは相当落ち込んでいましたよ。かわいそうだった。ただ時が経つにつれて「闘いの真髄を見た」とか「猪木さんに生きる力をもらった」という声も聞かれてきて、いまやその評価が正反対になっているのが猪木さんの凄いところ。まあ、その凄さにみんなが気づくのに40年という時間がかかったということですよね。

――舟橋さんから見た猪木さんのいちばんの魅力はなんですか？

舟橋　猪木さんのいちばんの魅力は表情ですね。それは顔の表情だけで言っているのではなく、全身から醸し出す筋肉の躍動感。猪木の中の格闘美学ですね。彼は常に見られていることを意識している。コブラツイストというのはもともとはグラウンド技ですけど、それを立ってやるというのが猪木さん流の格闘美学ですよ。そして、そのコブラツイストから卍固めが編み出されていくわけです。

――猪木さんの最高の必殺技ですね。

舟橋　猪木さんの技は、コブラツイストにしても卍固めにしても顔の表情から手や指の位置、筋肉に至るまですべてが格闘美学なんです。そしてアントニオ猪木が使う技の最高峰が卍固めだと思うんですよね。電光石火、相手の一瞬の隙を見て左腕で相手の腕を完全にロックして、右手で握り拳を作って相手の腰に置くでしょう。そして安定した身体のバランス。まさに隙のない美しさと力強さですね。

――アントニオ猪木の卍固めは、本当に力強い彫刻のような美しさがあるんですよね。

舟橋　足は森の大木に絡みつくツルのように相手を捕らえて、顔はいつもカメラに向けてあるんですよ。猪木さんはメインカメラを絶対に外さない。そして鬼のような形相はまさに燃え盛る炎。首には無数の筋が入って、筋肉が躍動している。こういう姿を見ればどうしたって「燃える闘魂！」っていう言葉が出てくるでしょう！（笑）。

――「燃える闘魂！」という言葉は、あの卍固めの姿からのインスピレーションなんですね。

舟橋　猪木さんの魅力っていうのは、あの人はボクより5歳も若いんですけど、自分の人生の羅針盤をしっかりと持っていましたよね。あの人の生き方は型破りだけれど、それは予定調和的な生き方をせず、常に自分で生きる道を選択して、勇気を持って歩いて行く。うしろは見ないでね。たとえば馬場さんは石橋を叩いても渡らない人ですけど、猪木さんは橋がなくたって渡ろうとする。そして橋がなければ激流を泳ぎきってしまう。やはりアントニオ猪木という人は凄いですよ。

――「石橋がなくても川に飛び込み、激流を泳ぎきる」っていうのは、猪木さんの生き方を見事に表現していますね。さすがです！

舟橋　晩年は大病を患って、病魔と闘う自分をさらけ出したでしょ？　こういう勇気を持った人間はなかなかいない。だからボクは、人生を懸けた真剣勝負を最後までファンに見せてくれたんだと思います。あの映像を観て、多くの人が元気をもらっただろうし、アントニオ猪木はリングを降りたあとも燃える闘魂であり続けた。だからボクは〝燃える闘魂〟という言葉を自分が言い出したことを、いまでも誇りに思っていますよ。

舟橋慶一（ふなばし・けいいち）
1938年2月6日生まれ、東京都出身。元テレビ朝日アナウンサー。
早稲田大学を卒業後、1962年に日本教育テレビ（NETのちのテレビ朝日）に入社。テレビアナウンサーとしてスポーツ中継、報道番組、ドキュメンタリーなどを担当。日本プロレス、新日本プロレスを中継していた『ワールドプロレスリング』では、解説の桜井康雄（『東京スポーツ』）とのコンビで数々の激闘を実況した。1976年6月26日、『格闘技世界一決定戦』アントニオ猪木vsモハメド・アリの一戦も実況を担当。1980年、モスクワオリンピックのチーフアナウンサーを担当。テレビ朝日を退職後、1995年から2002年までは秋田朝日放送（系列局）の社長も務めた。

鈴木みのるのふたり言

第113回

「鈴木軍解散」

構成・堀江ガンツ

——今回は新年最初の号に掲載ということで、鈴木さんの2023年の展望なんかを伺おうと思ったんですけど、その前に大きな発表がありましたね。

鈴木　鈴木軍が解散というか、活動停止というか、休眠というか。基本的にはメンバーがそれぞれの道を行こうということになったね。これは急に決まったことじゃなく前から考えていたことで、俺が考え始めてから全員に話して納得して「よし、じゃあそれぞれの道を行こう」っていうふうになってたんで。みんなしゃべりたくてうずうずしてたかもしれないけど（笑）。

——鈴木軍としての活動期間はかなり長かったですよね。新日本に限らず現行のユニットでは最長じゃないですか？

鈴木　たぶん日本プロレス史上で考えても最長じゃないの。一切の休止期間なく11年半やってたからね。まあ、これだけ長くやってきただけにメンバーそれぞれの思惑がもちろんあって、「まだ鈴木軍でやりたい」というヤツや「解散する必要がないんじゃないか」って言う仲間も中にはいたんだけど、この際だから新しいことをしようっていうのがいちばんだね。

——さらなる活躍が期待できそうな選手が揃っていますもんね。

鈴木　それぞれの選手が力をつけたんだよ。特にこの10年で力をいちばんつけたのはタイチ、（エル・）デスペラード、このふたりじゃないかな。

——タイチ選手は独り立ちをするのがちょっと遅かったぐらいな気もします。

鈴木　そうだね。最初、彼らは金魚のフンみたいにしかやれてなかったのが、それぞれが力をつけて、もうどこででもやってい

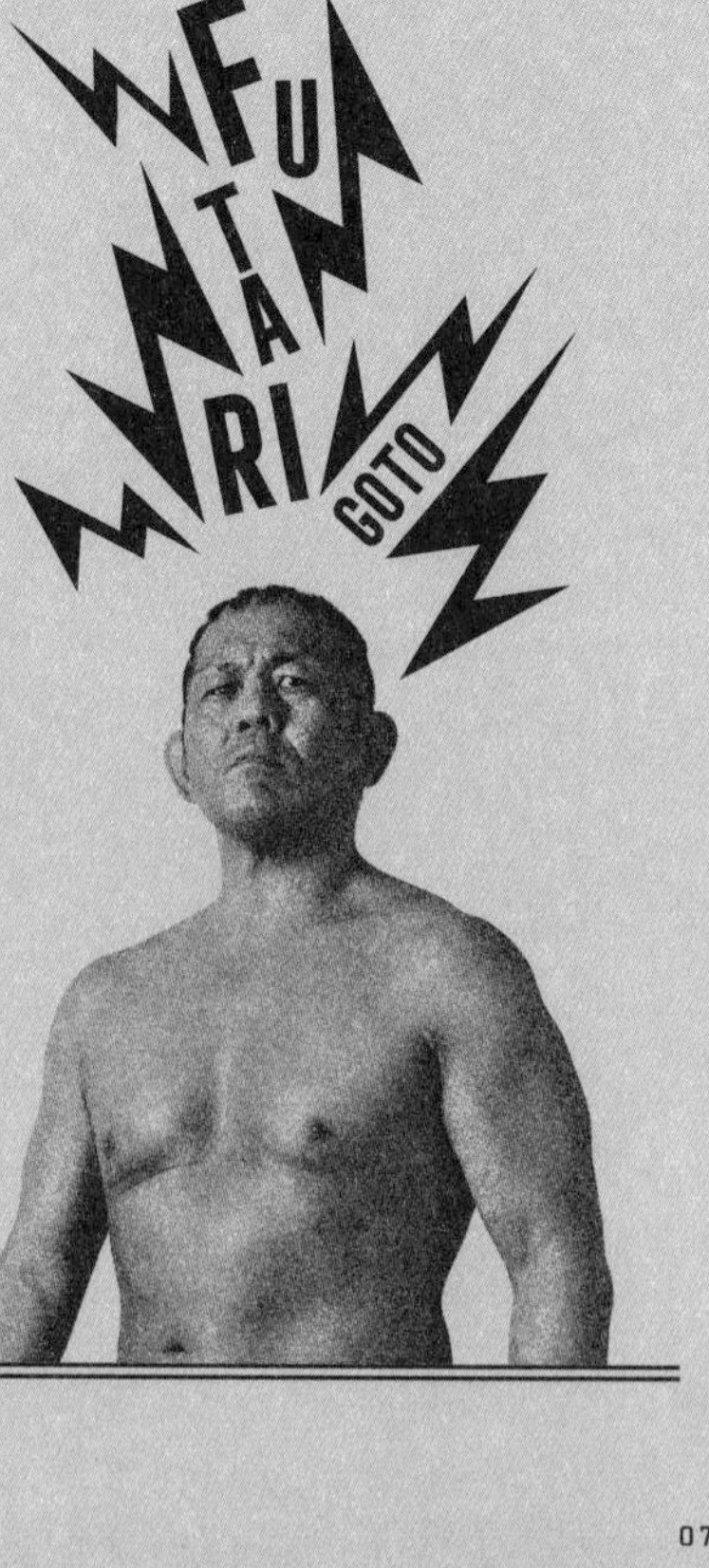

けるようになったんで。

――デスペ選手もシングルで日本武道館など大会場のメインを立派に張れるようになりましたもんね。

鈴木　なんでも新日本でグッズ売り上げはいちばんらしいね。押しも押されもせぬスター選手になって。

――へえ～、そうなんですか！

鈴木　あとは海外のネットワークから、いろんな外国人選手も出たり入ったりしたけど、結局最後までいたのはランス（・アーチャー）だったね。アイツは俺を心から信頼してくれてるんだよ。なんでも鈴木軍ができる前、ランスが初来日したときの対戦相手が俺だったらしくて。

――それは全日本のときですか？

鈴木　いや、MAKEHENだね。

――MAKEHENってどんな団体でしたっけ？

鈴木　知らない？　橋本友彦がやってたベイダー興行からの流れの興行で。

――あー、ありましたね。

鈴木　そのときに前座でやってたのが、いまのイヨ・スカイ（紫雷イオ）だから。

――そうだ。紫雷姉妹はそこでデビューですもんね。

鈴木　だから俺はそのときからイヨのことは知ってて、当時はまだ15、16歳ぐらいだったんじゃないかな。で、あのときの俺の対戦相手にランスがいたらしいんだけど、ランスは初めて来日したとき「日本人レスラーはちっちゃいな」って思ったんだって。

――本人がデカすぎるっていうのもありますけどね（笑）。

鈴木　で、俺とタッグでやったとき、カットプレーでリングに入って蹴飛ばそうとした瞬間、俺にギロッと睨まれてビビってコーナーに戻ったらしいんだよ（笑）。そのときの第一印象があって、ずっと俺のことを憶えていて、その後新日本に来たときの鈴木軍入りもスムーズだったよ。

――まさに身体のデカい不良が舎弟になるように（笑）。外国人といえば、いま大活躍中のザック・セイバーJr.もいますね。

鈴木　ザックはもともとノアに来ていたんだけど、俺たち鈴木軍が2年間ノアに出ていたとき、身体は細いけど「あれっ？　コイツは使えるな」と思ってね。俺が単独でイギリスに行ったときに声をかけたんだよ。「おまえ、このままでいいのか？　一緒にやらないか？」って。ザックもとにかく「チャンスがほしい！」ってヤツだったから「行く！」って言って。「じゃあ、すべてを断ち切ってこっちに来い」「そのタイミングを待ってろ」って言ってね。

――ザックの鈴木軍入りというのは、ノア侵攻時代というベースがあったんですね。

鈴木　あとはTAKA（みちのく）ルートからもいろんな選手が来たよね。シェルトン（・ベンジャミン）もそうだし、ハリー（デイビーボーイ・スミスJr.）も来たし。あと日本の選手で1シリーズだけ来たヤツもいたよ。真霜拳號とかね。

――そういえば鳴り物入りで入ってきながら、いつの間にかフェードアウトしてしまいましたね。

鈴木　そこで継続できないってことは本人の力じゃないのかな。とにかくいろんなことをやって、ファンにさんざん嫌われてきたけど、それがいつしか人気チームになってきちゃって、いま新日本本隊と呼んでるヤツらよりハッキリ言って人気があるからね。でも、そうなったら方向転換というか、新しい道に行くタイミングなんだろうなって。あとはそれがコロナ禍で間延びした部分もあるよ。もっと早い段階でそのタイミングがあったのかもしれない。

――ここ数年、何度か鈴木軍分裂の噂なんかもありましたよね。

鈴木　ネットにいろんなヤツが憶測を書いてたけど、俺たちはそれをニヤニヤしながら見てたよ。「鈴木とタイチは不仲だ」「タイチが鈴木を追い出すんだ」とかね（笑）。

――リーダーがメンバーに袋叩きにされて追放されるとか、〝ユニットあるある〟でもありますからね（笑）。

鈴木　そういうヤツらの書き込みを俺とタイチがふたりで見ながら「コイツら、バカだよな」って言ってたよ（笑）。そんな噂が流れてるあいだもタイチは連絡をくれてね。「俺にはそんなつもりはないんで信用してください」って言ってくれてたし。凄く頼れる仲間になったよね。ランスなんかは解散が決まったあとも「俺は一生、鈴木軍だ」って言ってくれたし。

――気持ちの部分でのつながりですよね。

鈴木　「プロレスの世界でこんなに長い付き合いをしたことがない」って言ってたよ。ランスは俺がアメリカに行くといつも気にしてくれて、「おまえ、俺んちに泊まれよ」って言ってくれるんだよ。しかも旅行者扱いでいろいろ連れて行こうとしたりしないで、ベッドルームに通されて「自由にしてていいぞ」って言ってくれるから凄くラク。そういう本物の仲間ができたことはたしかだけど、これからは俺側にいない人間はたとえ誰であっても敵なんで。それは間違いない。

――チームを解散させるというのはそういうことですもんね。

鈴木　ただ解散はしても、俺がいるかぎり「鈴木軍」というものは残り続けるよ。ぶっちゃけ「鈴木軍」の商標は俺が持ってるんで（笑）。

――リアルな話をすると（笑）。

鈴木　そもそも俺の名前だし、鈴木みのるのグループっていう意味の鈴木軍でしょ。あの旗のロゴだって、俺が自分の手で書いた筆文字だし。だから鈴木軍自体100パーセント俺のものなので、俺さえいれば鈴木軍なんだよ。

――ひとり鈴木軍というか。

鈴木　でも、ひとりでは「軍」と呼べないから「鈴木」になっただけだな。「将来、鈴木軍を復活させてほしい」とか「鈴木軍をほかのメンバーで」みたいなことも言われたけど、基本的にそれはない。俺は前に進みたいから、再結成みたいな後ろ向きなことはあまり興味がないんだよ。ただ、鈴木軍としてこの10年で日本のプロレス界をうねりを起こし続けてきたっていう自信はあるよね。もちろん自分のプロレススキルもこの10年で上がったし。

――では、「鈴木軍」からひとりの「鈴木」になった鈴木さんが、2023年どんな闘いを見せていくのか、闘う場所も含めて気になるわけですけど。

鈴木　もちろん、すでに目はつけているよ。いままでやれなかったことでやりたいことがあるし、あとはすでに水面下で動き始めているものもある。それが何かはまだ言えないけどね。俺個人としては、これからきっとやれるチャンスが増えると思うんだよ。これまでは「鈴木軍」とひと括りだったけど、これからは個人で腰を据えて違うこともできる。それは楽しみだね。

――そのキャリアで、これから新たな展開が楽しみっていうのも凄いですね。

鈴木　キャリアも年齢も関係ねえじゃん。俺はプロレスの世界に戻ってきてからずっとフリーで、どこにも所属しないできたから、ただいるだけでサラリーがもらえるわけじゃない。自分で闘い続けて、カネを稼ぎ続けるしかないんだから。俺はいまアメリカを中心に海外からのオファーがひっきりなしに来てるけど、海外での試合だって団体のお膳立てがあってやってきたわけじゃないからね。協力してくれる人はいるけど、基本的に交渉も自分でやってるから。「グーグル翻訳さん、ありがとう!」って感じで(笑)。

――グーグル翻訳を介しての交渉(笑)。

鈴木　英文もある程度は読めるんだけど、細かいニュアンスとかわからないじゃん。だから海外のプロモーションから来たメールをコピペしてグーグル翻訳に通して、それを読んで返信のメールを打ち込んでってことを繰り返しやってるよ。べつに俺は英語がペラペラってわけじゃないけど、向こうに行っても生活に困るようなこともなくなったしね。

――そういう交渉力や語学力なんかも含めて、フリーのプロレスラーとしてのスキルですもんね。

鈴木　そうやって自分の足で歩いてきたからこそ、いまの俺がある。居心地がいいところにいると身体も太るんだよ。それは肉体的にデブになるってことだけじゃなく、精神的に肥えるというかさ。一度座ったイスから立つのも面倒になって、徐々に動けなくなるんじゃないかな。

――「人は歩みを止めたときに年老いていく」という猪木さんの言葉にも通じますね。

鈴木　だから俺は居心地のいい場所を自分から拒否して、自分の足で歩いている。いまフリーとして世界中でトップとして闘えてるのはそれがいちばん大きいかもね。人まかせで生きてこなくてよかったよ。すべて自分の責任で、自分で動いてきたから。鈴木軍も自分の考えで作って、自分の考えでメンバーと話して解散を決めたから。

――今後は、本当の意味で新たな道をそれぞれ歩いていくと。

鈴木　元・鈴木軍のヤツらとは、これまでも「本気で殴り合える仲間」としていたので、これからもリング上で向き合ったら、みんなボコボコにしてやろうと思ってるし。アイツらも俺に遠慮してたら喰われてしまうと思って向かってくるだろうしね。そういう意味では、俺が11年かけて自分が闘う敵を作ったような気もするなって(笑)。

――今後、元・鈴木軍同士の闘いは特別な意味を持つでしょうからね。

鈴木　意味を持つかどうかはどっちでもいいよ。そんなものは客が考えればいいこと。俺からすれば、全力で殴り合えるヤツがいるっていうのがいちばんだから。

――鈴木さんはここ数年、世界のマットが主戦場みたいになっていますけど、新日本での今後はどう考えていますか?

鈴木　シークレット。

――まだ言えませんか。それとも未定?

鈴木　新日本でこれからやりたいこと、やるべきことっていうのはもちろんあるんで。それはこれから観ていってくれたら、目に見える形で表れると思うから、それはお楽しみってことで。狙ってるよ。

――すでに狙ってることがあると。

鈴木　もう考えは固まってるんだけど、まだ表には出せないから。それはこのレコーダーを切ってからヒントぐらいは話すよ(笑)。

――わかりました(笑)。

鈴木　とにかく、いま言えることはひとつ。鈴木軍は解散します!

HENTAIZADANKAI

玉袋筋太郎の変態座談会

TAMABUKURO SUJITARO

プロレス酔虎伝

TADAO MONMA

門馬忠雄

**御年 84 歳の現役プロレス記者!
日本プロレスから始まり新日本と
全日本の旗揚げ当時を知る
最後の男が珠玉の
エピソードを披露 !!**

収録日:2022年12月4日　撮影:橋詰大地　試合写真:山内猛　構成:堀江ガンツ

[変態座談会出席者プロフィール]

玉袋筋太郎（1967年・東京都出身の55歳／お笑い芸人／全日本スナック連盟会長）

椎名基樹（1968年・静岡県出身の54歳／構成作家／本誌でコラム連載中）

堀江ガンツ（1973年・栃木県出身の49歳／プロレス・格闘技ライター／変態座談会主宰者）

[スペシャルゲスト]門馬忠雄（もんま・ただお）

1938年6月27日生まれ、福島県相馬市出身。プロレス評論家。スポーツジャーナリスト。日本大学藝術学部卒業後の1962年に東京スポーツ新聞社に入社。1964年からプロレス担当記者となる。おもに国際プロレスを担当し、1970年代には国際プロレス中継『国際プロレスアワー』の解説者、1980年代には『世界のプロレス』（ともにテレビ東京）の解説者も務めた。東京スポーツでは運動部長や編集委員も歴任し、1986年に退社。以降はフリーのプロレス評論家として活動し、現在も各団体の試合会場に足を運び、ベテラン・若手を問わずレスラーを精力的に取材している。『Number』や『東京中日スポーツ』などにプロレス評論を寄稿している。

「1964年の東京オリンピックが終わった翌日にプロレス担当をやれって言われてショックだったよ。だって気持ち悪いじゃない」(門馬)

玉袋 門馬さん、ご無沙汰しております!

門馬 玉ちゃんとは前に水道橋の居酒屋でも話したよね。

玉袋 はい。水道橋の『加賀屋』で、貴重なお話を聞かせていただきましたよ。

門馬 今回は大船(神奈川県鎌倉市)まで来てもらってごめんね。

玉袋 いやいや、門馬さんと一杯やらせていただけるなら近いもんです。椎名先生なんかはこの近くだもんな。

椎名 ボクは茅ヶ崎在住なんで、ありがたいです(笑)。

門馬 あっ、茅ヶ崎なの。じゃあ鶴見五郎と一緒だ。

玉袋 鶴見さんとも以前対談させてもらったんですけど、今年(2022年)亡くなっちゃったんですよね。さみしいよなあ。

椎名 やさしい人でしたよね。

門馬 やさしいけど、どこか狂ってるよ。ネジがない(笑)。

椎名 そうなんですね(笑)。

門馬 鶴見はボディビルのジムをやっていたでしょ。スタン・ハンセンがなんて言ったと思う? 「よくそんな身体をしていて練習生が来るよな」って(笑)。

椎名 あんこ型ですもんね(笑)。

門馬 それでいて、カミさんが綺麗な人なんだよ。

玉袋 いや〜、いきなり鶴見さんの話でトップギアだよ(笑)。

門馬 いきなりこんな話でごめんね(笑)。

玉袋 いやいや、こういう話が最高なんです。しかも新日本と全日本が50周年を迎え、我らが猪木さんが亡くなったというこのタイミングで門馬さんと飲めるっていうのはうれしいですよ。『プロレス酔虎伝』が直接聞けるっていうのがね。

ガンツ 50年前の新日本、全日本の旗揚げ当時を取材している記者って、すでに門馬さんしかいらっしゃらないですからね。

門馬 いねえもんな(笑)。

玉袋 門馬さんしかいないっスよ。門馬さんは新日本、全日本ができる前、日プロ時代からですもんね。

椎名 プロレスの「紀元前」みたいなもんですよ(笑)。

門馬 歳もとるよな。自分が84歳って信じられないもん。子どもの頃の80っていったらもう化石だもんな。

玉袋 玉手箱を開けちゃった人(笑)。

ガンツ 2021年に東京オリンピックが1年遅れで開催されましたけど、門馬さんが東京スポーツで記者になったのは、その前の1964年の東京オリンピックからですもんね。

門馬　1964年の東京オリンピックが終わった翌日に、会社の上の人間から「おまえ、明日からプロレスをやれ」って言われたんだよ。ショックだったよ～。だって俺はそれまでプロレスを観たことないんだもん。気持ち悪いじゃない。

ガンツ　「気持ち悪い」(笑)。

門馬　だって競技としてありえないじゃない。血を流して成り立つスポーツなんてある？

椎名　反則が5カウントまで許されるオリンピック競技ってないですもんね(笑)。

玉袋　オリンピックでレフェリーが反則を見て見ぬふりしていたら大変だよ(笑)。

ガンツ　門馬さんはプロレス記者になる前、東京オリンピックのときはどの競技を取材していたんですか？

門馬　水泳とバレーボール。

ガンツ　つまり〝東洋の魔女〟から〝東洋の巨人〟に行っちゃったわけですね(笑)。

玉袋　うまいこと言うね、おまえ(笑)。

門馬　水泳はのちの水泳連盟会長、日本オリンピック委員会会長の古橋廣之進さんと一緒に観ていたと思うんだよな。それが突然プロレスだもんね。天と地がひっくり返ったようなものだよ。

「もともとプロレス界に〝ストロングスタイル〟なんて言葉はなかったわけよ。馬場も『そんな言葉、どこにあるんだ？』って(笑)」(門馬)

玉袋　そっから日プロの取材ですか。

門馬　それで1964年の10月31日に初めて馬場さんと会って挨拶したんだよ。

玉袋　最初が馬場さんなんですね。

門馬　あのときはアメリカから帰国して数カ月で、まだ(インターナショナルヘビー級の)ベルトを巻いていなかったでしょ。

玉袋　BI砲の前ですよね？

門馬　うん。前、前。

ガンツ　馬場さんがアメリカから帰国したばかりということは、力道山が亡くなったばかりぐらいですね。

門馬　力道山が亡くなったのは1963年12月15日だから、10カ月後だな。

ガンツ　では大エースの力道山が亡くなって、プロレス自体がなくなるんじゃないかっていう時代ですよね。

門馬　最近出た『新日本プロレス12人の怪人』の改訂版『アントニオ猪木闘魂の遺伝子』(文藝春秋)の中でも書いたんだけど、力道山が死んだとき、スポーツ新聞には「プロレス

の火が消える」という大見出しが出たのよ。だから力道山の死はプロレスに危機感をもたらせた。それに対して今回の猪木の死は、未来の後継者たちに希望を持たせるために最期までがんばる姿を見せたと。だからふたりの死に様はまったく違うということですよ。危機感の力道山と、未来に託して命絶えたアントニオ猪木、このふたりは対照的であるということを『アントニオ猪木 闘魂の遺伝子』の中で書いた。だから俺のプロレスの取材っていうのは、プロレスの危機から出発だったわけ。

玉袋 始発駅がそこですか。長い旅ですよね。それで最初に会ったのが馬場さんだったっていう。

門馬 それで初めて馬場さんに会ったとき、「あんた、歳なんぼ?」って聞かれてね。「昭和13年です」って答えて。馬場さんも同じ昭和13年。だから手が合ったのよ。

椎名 同い年なんですか。

門馬 あの人は早生まれ。だから学年は違うの。俺は5カ月遅れの弟です(笑)。もの凄く手が合ったよ。

玉袋 「手が合う」ってのはいいよな。そのとき猪木さんは?

門馬 入れ替わり。

ガンツ 馬場さんが帰国して、入れ替わりで猪木さんがアメリカ修行に行ったと。

門馬 だから猪木と馬場は仲が悪いって言われているけど実際は違うっていうのは、猪木がロサンゼルスに着いて、これから日本に帰る馬場と会ったとき、馬場は「もう俺はいらねえから、おまえ持っておけ」って自分の持ち金をあげたっていうエピソードでわかるでしょ。

玉袋 身体で稼いだドルを渡したわけですもんね。

門馬 だから俺たちが「猪木と馬場がケンカしてる」って書くのは、新聞の部数のため(笑)。

玉袋 対立構造を煽って盛り上げるというね。

門馬 新日本ができたとき、全日本に対して「ウチはストロングスタイルで、向こうはショーマンスタイル」って吹っ掛けたでしょ。でも、もともとプロレス界に「ストロングスタイル」なんて言葉はなかったわけよ。馬場にその質問をぶつけたら「そんな言葉、どこにあるんだ?」って(笑)。

椎名 本場アメリカにはそんな言葉はねえぞと(笑)。いかにも和製英語っぽい言葉ですもんね。

門馬 だからストロングスタイルというのは、試合のスタイルじゃなくて、それぞれキャラクターに合わせた個性を持った人が闘う姿勢。それをどういうふうに発散させるかは本人次第だよね。

玉袋 看板はつくけど看板倒れになる選手もいれば、看板通り、看板以上に闘う選手もいると。

門馬　だから「馬場のところはショーマンスタイルだ」って、そうじゃないじゃん。猪木と馬場の違いだけであって、やっていることはみんな一緒だもんな（笑）。

椎名　同じように外国から選手を呼んでいるわけですもんね（笑）。

門馬　ただ新日本の場合、ＮＷＡになかなか加盟できなかったんだよ。だからそうやってイメージを作るしかなかったわけ。

椎名　弱い側のやり方ですよね。

門馬　（ウィレム・）ルスカ戦以降、異種格闘技戦なんていうプロレスの〝ルール違反〟みたいなジャンルに飛びついたのもそうでしょ。

玉袋　ＮＷＡ王者とやれないなら、もっと世間的に価値の高い柔道金メダリストやボクシング世界王者とやってやるってことですよね。

門馬　全日本と新日本が旗揚げした翌年、１９７３年８月にラスベガスでおこなわれたＮＷＡ総会に行ったときにホテルで猪木と会ったんだよ。「おっ、どうした？」って聞いたら「加盟申請に来てるんだけどさ」って。俺が取材で来ているっていうのは向こうは知らないから、会って気まずい顔をしていたんだよ。猪木は総会の会場には入れなくて、記者も入れないから、ホテルのラウンジで一緒に冷奴をつまみにビール飲みながら総会が終わるまで待ってね。そのとき、猪木と何をしゃべったか憶えてないよ。だって加盟できないって、こっちはわかってるんだから（笑）。

「プロレスは知らなかったのに、リキボクシングジムのオーナーとしての力道山を知っているっていうのが凄い（笑）」（玉袋）

玉袋　わかってたんですか？

門馬　東スポは全日本が正式加盟になって新日本は加盟できないことをわかってたから、馬場に近い俺をラスベガスに行かせたんだと思う。だから櫻井（康雄）さんとかだとまずいわけだよ。

椎名　新日派の記者が行ってもしょうがないと（笑）。

門馬　こっちはラスベガスに着いて、馬場から何ドルかもらったよ。「これで遊べ」って（笑）。そういう立場で俺が来ているってことが猪木にはわかるじゃん。だから、あのときに飲んだビールの味はへんちくりんな味だったよ。

玉袋　東スポのプロレス記者というと、門馬さん以外に全日本の解説者だった山田隆さんや新日本解説者の櫻井さんがいらっしゃったじゃないですか。門馬さんは順番でいけばどこの位置になるんですか？

門馬　俺は３番目。もうひとり飯山和雄さんがいたんだよ。

その人は俺と歳がおんなじ。それで東スポを辞めて全日本の広報になったの。「この会社にいたらキ○○○になる」って言って辞めたんだよ（笑）。

椎名 凄い会社ですね（笑）。

玉袋 門馬さんの直属の上司は誰になるんですか？

門馬 山田さんよ。山田さんがデスクで、櫻井さんがその下のキャップ。私は兵隊（笑）。

玉袋 田鶴浜弘さんは、門馬さんからするとどういう位置になるんですか？

門馬 あの人は創成期にプロレスを紹介した最初の人。田鶴浜さんと、お相撲、演芸評論家でもある小島貞二さんが一緒ぐらい。彼らが書いたものを俺は読んで勉強したわけだ。

玉袋 言ってみりゃ、芸能的な文化に精通している人がプロレスにも精通していたってことですね。

門馬 小島さんは元お相撲さんで、小林旭の『恋の山手線』って歌の作詞もやって、イラストもできたんだよ。当時としてはかなりの才人だったんじゃないかな。

椎名 プロレスっていうのは、最初から芸能を含めた文化のひとつでもあったわけですね。

門馬 それから、さっき話した「ストロングスタイル」という言葉を最初に発した『日刊スポーツ』の鈴木庄一はその次の世代。

玉袋 あっ、「長老」はその次なんですか。

門馬 それで我々は第三世代なんだよ。

ガンツ 門馬さんたちはプロレスマスコミ界のテンコジだったんですね（笑）。

門馬 あの人は法政大学のボクシング部出身なんだよ。

玉袋 そうだったんですか!?

門馬 当時のスポーツ新聞の人たちは、なんらかのスポーツ歴があるの。だから下手にケンカできないよ（笑）。

玉袋 門馬さんは何をやってたんですか？

門馬 俺はウイスキー部よ（笑）。

玉袋 スキー部ならぬウイスキー部！　俺も入りてえな〜（笑）。

門馬 だから物書きの序列で言うと俺は3代目くらいで、力道山を知らない世代だから。

椎名 『戦争を知らない子供たち』みたいな（笑）。

門馬 俺はもともとボクシング担当だったじゃん。リキボクシングジムのオーナーの力道山を知っていても、実際のプロレスラー力道山がどういうものかは知らないわけよ。

玉袋 リキボクシングジムのオーナーとしての力道山を知っているっていうのが凄いですよ（笑）。

門馬 当時、藤猛のトレーナーがエディ・タウンゼントさんでしょ。俺はあの人からいたずらされてさ。事務所にフレッド・ブラッシーがいるっていうのを俺は知らないで、エディさんが俺を呼ぶの。それでドアを開けたら目の前にブラッシーがいるんだもん。もう腰が抜けたよね（笑）。

ガンツ　そんなドッキリを仕掛けられましたか（笑）。

椎名　ドアを開けたら歯をヤスリで研いでて（笑）。

門馬　あのヤスリのやつは日本テレビのプロデューサーがヒントを与えたものなんだよ。

玉袋　あっ、そうなんですか。日本でやり始めたギミックで。

門馬　タイガー・ジェット・シンだってそうじゃない。最初はちっちゃいナイフを持っていたんだけど、それじゃ画にならないからっていうんで、猪木が彼にヒントを与えてサーベルを持つようになったんだから。

玉袋　なんでインドでサーベルなんだっていう。まあ、サーベルタイガーってのもあるかもしれねえけど（笑）。

「安美錦がプロレスラーになったら吉村道明だよ。プロ野球の桑田真澄なんかもいい技巧派のレスラーになると思うよ（笑）」（門馬）

門馬　まあ、話が飛んじゃったけど、全日本と新日本のスタイルの違いっていうのは、馬場と猪木の違いだと思う。あとはみんな大同小異。

玉袋　馬場さんはアメリカンスタイルですよね。

門馬　そう。あれはショーマンじゃなくてアメリカンスタイルですよ。それに対して新日本は日本独特のもの。カール・ゴッチが宮本武蔵が好きだからセメントの練習をやったりしたのもあって、猪木は和洋折衷だよ。

ガンツ　力道山とゴッチの掛け合わせみたいな感じですかね。

門馬　まさにそう。それはいい言葉だよ。

ガンツ　そして馬場さんのプロレスはアメリカ直輸入なわけですね。

玉袋　プロレスの本場がアメリカってことを考えれば、猪木さんのほうが邪道だったということですよね。

門馬　食べていくために、いろいろ考えたんでしょう。じゃなきゃ、あんなふくらし饅頭みたいなマクガイヤー兄弟なんて呼ばないでしょ。

椎名　体重300キロの双子が、ミニバイクに乗って登場するわけですもんね（笑）。

玉袋　どこがストロングスタイルなんだよって（笑）。

門馬　あれとかグレート・アントニオを呼んでたんだから。あれはひどかったな。もともとユーゴスラビアの難民でしょ。それがカナダに渡って、サーカスの力自慢から、プロレスもやり始めたんだから。

玉袋　そういう旅芸人的なバックボーンに俺なんかはキュンキュンきちゃいますよ。出自を逆手に取ったようなキャラクターに自らなったりして。それでいてプロレスはいちおう民族の祭典でもあったわけだけど、サッカーのワールドカップなんかとは全然違うもんな。

門馬 また話は飛ぶけど、サッカーのデッドマール・クラマーさんは知ってる？　１９６４年の東京オリンピックのときにコーチとして来日して、日本にサッカーを教えたドイツ人。あれから長い時間が経って日本にもサッカーが根づいて、今回のワールドカップでは日本が〝恩返し〟したじゃん。

玉袋 予選で日本がドイツを破りましたもんね。

門馬 俺はクラマーさんとカール・ゴッチが重なるんだよ。あの頑固さと徹底した教え方。あの人たちの教えで日本人は強くなっていったんだから、だから俺は「ああ、ゴッチとクラマーさんは一緒だな」って思いながらサッカーを観ていたよ。

玉袋 今回のワールドカップのドイツ戦を、１９６４年の東京オリンピックから続く物語として観ていたって、門馬さんぐらい深い観方はないですよ！（笑）。

門馬 俺はプロレス自体は嫌いだけど、そういう背景とかを通して観ると逆に楽しくなるんだよ。さっき玉ちゃんが言ったとおり、民族性や宗教、文化が絡むものがプロレスとサッカーにはある。カメラマンの原悦生っているでしょ？

玉袋 はい。猪木さんの最期の姿も撮られていた原悦生さん。

門馬 彼はサッカーも撮るんだけど、２００２年の日韓ワールドカップのときに「プロレスファンがかなりいるね」って言ってたの。あれを境にしてプロレスからサッカーのほうに行っちゃったファンが相当いるって。

ガンツ ちょうどプロレス人気が落ちた時期ですけど、総合格闘技にだけじゃなく、サッカーにもお客を取られていたと。

門馬 全然違うスポーツだけど、サッカーとプロレスにはどっか共通するものがあるのよ。だから原カメラマンにおもしろいことを教わったなって。

玉袋 門馬さんは、ちょいちょい「俺、プロレスが嫌いだから」っていうフレーズを入れてきますけど、それはプロレスだけじゃなく、スポーツ全体を見ているっていうことですよね。

門馬 俺は全体を見回してるから門馬忠雄なんだよ。競技だけ観ても見えてこない。言語も宗教も文化も全部ひっくるめたものだよ。

玉袋 それが門馬節ですよね。「プロレスラーは好きだけど、プロレスは嫌い。相撲は好きだけど、相撲取りは嫌い」とかさ。

門馬 そういうこと言っちゃダメだよ。俺はお相撲さんの友達がいっぱいいるんだから（笑）。

玉袋 門馬さんは、お相撲だとどのへんがご贔屓なんですか？

門馬　辞めたばっかりだけど安美錦。

玉袋　ああ、いいですね。安治川親方。

門馬　彼の相撲が好きだったな。あの人がプロレスラーになったら吉村道明だよ。あとはプロ野球の桑田真澄なんかもいい技巧派のレスラーになると思うよ（笑）。

椎名　そういう見方をしているんですね（笑）。

「マシオ駒さんが亡くなったあと、まだ若かったカブキさんが馬場さんから『コーチをやれ』って言われて北向いたんですよね」（ガンツ）

玉袋　これはさすが門馬節だ！（笑）。物の見方が違うよ。

門馬　全然違うでしょ？　プロレスってそういうところがおもしろいじゃん。だから俺は観ていて「コイツはものになるな」と思ってもみんな背がちっちゃいんだよね。だから昔、（山本）小鉄っちゃんに「180なんぼのデカいのを獲れよ」って言ったんだけど、「デカいのは根性がないから駄目なんだ」って言うんだよ。みんな逃げちゃうって。でも小鉄っちゃんの練習は、チビとデカが一緒の練習メニューなんだよね。

ガンツ　そうなると、スクワットひとつにしてもキツさが違いますよね。

門馬　違うよ。デカいほうは体重を背負ってるんだから。これが全日本だと、あの練習嫌いの田上明が三冠チャンピオンになるんだよ。そんなの考えられないでしょ？

ガンツ　そうですね（笑）。

門馬　あれは馬場がゆっくり育てたんだよ。だから大成できた。これがもし新日本に入っていたら、2、3カ月で出て行ってたよ。

玉袋　安田忠夫と同じ道だっただろうな（笑）。

門馬　昔、「全日本は練習しない」ってボロカスに叩かれたけど、してるんだよね。違う練習の仕方なんだよ。小鉄のスパルタとは全然違うだけで（笑）。

椎名　「とりあえず（スクワット）1000回」という小鉄方式じゃないだけで（笑）。

門馬　そういった面はあったけど、小鉄っちゃんがいなかったら新日本は成り立たなかったよ。全日本は同じような鬼軍曹でマシオ駒がいたけど、早くに亡くなったでしょ。あの人が亡くならなかったら、全日本も別の局面があったんじゃないかな。馬場が「駒がいたらな……」って、よく言っていたから。

玉袋　それぐらいマシオ駒さんの存在は大きかったってことですね。

門馬　新日本と全日本がケンカしている最中、小鉄っちゃんは駒によく電話してたんだよ。新人の育て方を相談し合って

た。マシオ駒は日プロ時代の小鉄の先輩でガチンコが強かったから。
椎名　ガチンコも強かったんですね。
門馬　駒はもともと早稲田実業野球部の内野手でね、それで馬場とは手が合ったんだよ。
椎名　なるほど。野球つながりなんですね。
門馬　猪木は小鉄に道場をまかせていたけど、全日本は駒が亡くなってから仕切る人間がいなかった。全日本の不幸はそこらへんだよね。
ガンツ　マシオ駒さんが亡くなって、まだ若かったカブキさんが馬場さんから「コーチをやれ」って言われて「俺はもうコーチかよ?」って北向いた（すねた）んですよね。
門馬　カブキはタイミングに恵まれなかったんだよ。若い頃から身体がやわらかくてプロレスがうまかったから、「これはいいレスラーになるな」って思っていたんだけど。最初の海外遠征から帰国したら、もう日プロは潰れる寸前でね。UN（ヘビー級）のベルトも巻いたけど、カブキは「うれしくなかった」って言ってたよ。だってお客がいねえんだもん。500人くらいで（笑）。
玉袋　あの隆盛を誇った日プロが500人だもんな。
門馬　でも新日本だってスタートは同じだよ。旗揚げから1年くらいテレビがつかなかったでしょ。俺は国際プロレス担当だったけど、テレビがついていない時代の新日本の大会もほとんど行ってたから。
玉袋　黎明期の新日本の貴重な目撃者なわけだ。
門馬　だから（グラン）浜田、栗栖（正伸）、（ドン）荒川、小林（邦昭）、藤原（喜明）なんかはデビューから観てる。不揃いのデコボコ（笑）。
椎名　じゃがいもばっかり（笑）。
門馬　「コイツら、本当にレスラーになるのかよ?」って思ってさ（笑）。
玉袋　「デコボコ」っていうのがまたいいよな。新日本凸凹大学校ですよ。どこにいい男がいるんだって（笑）。
門馬　それでガイジンも無名ばっかりでしょ。客を呼べるのは猪木だけで本当にお客が全然いないんだから。日プロの最後と新日の始めはまったく同じだよ。
椎名　どっちも潰れる寸前だったんですね。
門馬　坂口がテレ朝（NET）の放送と一緒に来るまで、よく1年間もったよ。だから猪木は坂口に頭が上がらないと思うよ。坂口が合流したとき、佐賀の肥前鹿島のちょうど桜が咲いているところで猪木と坂口の写真を撮ったんだけど、いい笑顔で最高だったよ。あれが新日本の夜明けだから。
玉袋　その夜明けの瞬間を見ている門馬さんがすげえ。もうほかにいないですもんね。

門馬　あのとき、坂口が「これが菱（ひし）の実の焼酎だよ」って飲ませてくれてね。あれはうまかったねえ（笑）。

「毎日学校に1時間半近くかけて自転車で通ってたって、ジャンボ鶴田は世界の中野浩一を超えていたかもしれねえな」（玉袋）

ガンツ　新日本の夜明けは、酒の記憶と共にあるんですね（笑）。
玉袋　酔虎伝だよ。普通は酒を飲んだら記憶をなくすんだけど（笑）。門馬さんは馬場さんとの強がりも強いわけじゃないですか。水面化で猪木―坂口の合体が画策されていたとき、馬場さんは探ってきたりしなかったんですか？
門馬　しないよ。そういう人じゃない。坂口が木村健悟とキラー・カーン、大城大五郎を引き連れて新日本に来たときは「小沢（正志＝キラー・カーン）の『俵星玄蕃』、聴きてえなあ」って言ってたよ（笑）。
椎名　カーンさんのカラオケが聴きたい（笑）。
玉袋　あれは曲が長えんだよ（笑）。
門馬　本当に長いよ（笑）。
玉袋　あんなのスナックで歌ったら大変だよ。
門馬　だけどキラー・カーンはあの歌を歌うとうまいんだよ。だから彼のお店に行くと、「俺は自分がジャイアント馬場だと思って言うからな。『俵星玄蕃』、頼むよ！」って言ったら（カーンのモノマネで）「門馬さんに頼まれたらしょうがないな」って。
椎名　似てますね（笑）。
門馬　昔からアイツは酔うと泣くんだよ。新日本に合流したあと、小沢は浜田と試合するといつも負けるか引き分けくらいなんだよ。
玉袋　外様の悲哀ってやつだな。
門馬　それで当時、居酒屋好きのアイツと一緒に飲みに行くと、「なんで俺があのチビに負けなきゃいけないんですか」って泣いてね（笑）。
椎名　昔から泣いてばっかりなんだね（笑）。
玉袋　泣いた赤鬼だよ。
門馬　そうやってアイツが泣いたとき、「おまえの身体があればアメリカで成功できるから。俺が保証するよ」って言ったら実際に当たったんだから。その通りになったよ。
ガンツ　さすが『世界のプロレス』解説者ですね。
門馬　だって小沢は194センチくらいあるでしょ。プロレスラーにとって身長はいちばんの武器だから。猪木が悔しがったのも馬場の身長だよ。「黙ってても看板になる」って。
玉袋　カーンさんは馬場さんと同郷でかわいがられていたわけだから、もし全日本に行ってたらどうなっていたんだろう

VS
インタータッグ選手権
二大タイトルマッチ

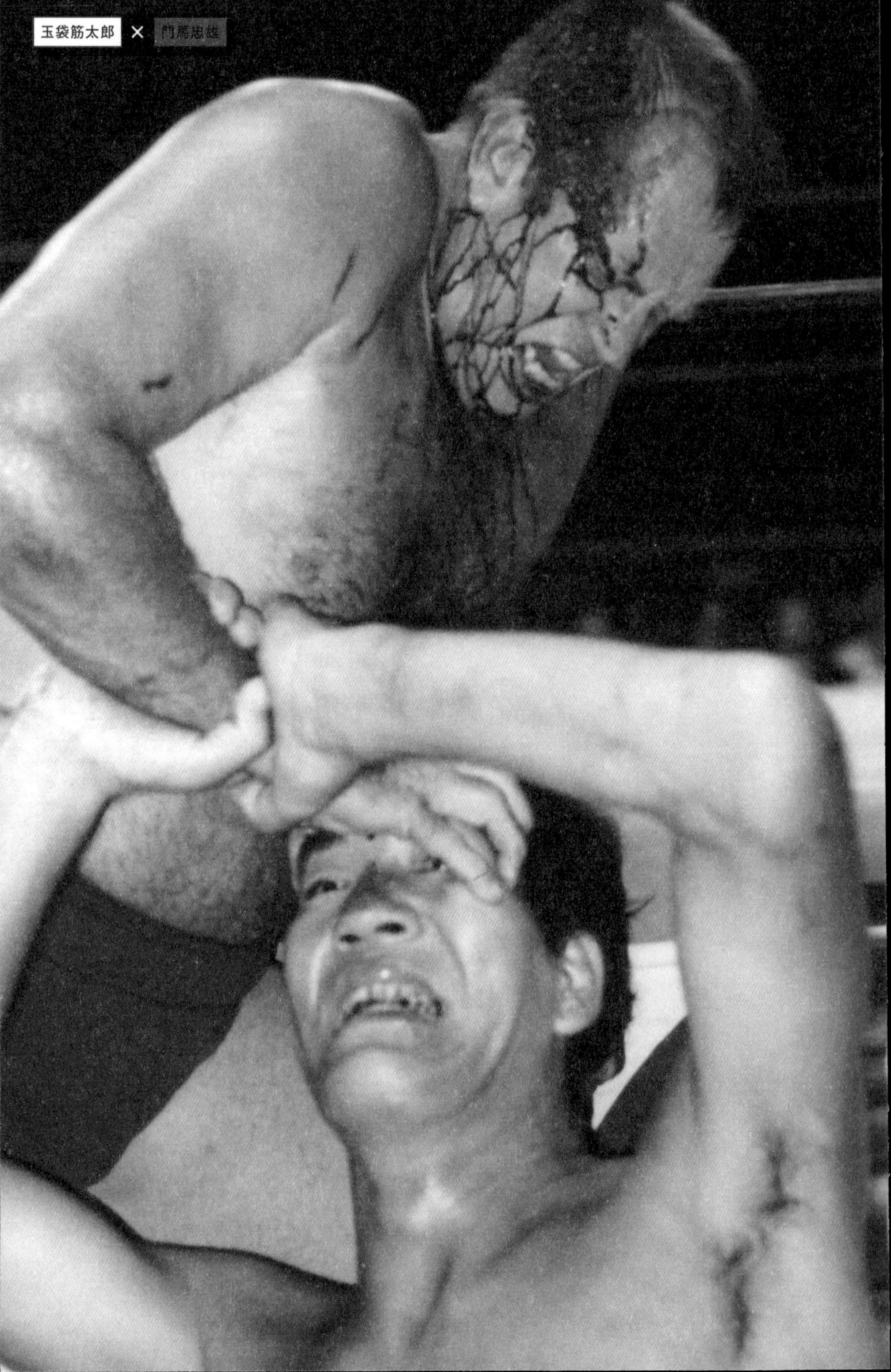

な？　ジャンボ鶴田がいるから、タイガー戸口さんとか、あいう路線かな？
ガンツ　もしくはサムソン・クツワダみたいになってたかもしれないですね。
門馬　俺はクツワダをずいぶん買ってたんだよ。オーストラリア遠征で10日間一緒だったから。東スポが『兼高かおる世界の旅』のバーターでチケットを取ったのを利用してオーストラリアに行ったんだよ。
ガンツ　バーターのチケットだったんですね（笑）。
門馬　それでクツワダに「いつまでもジャンボの下にいたってしょうがねえじゃねえか。おまえは身体を持ってるんだから稽古しろよ」って言ったんだよ。アイツは身体もやわらかいし、顔だってまずくないんだから。
玉袋　クツワダさんは新団体を作ろうと画策して追放されちゃったっていうイメージがあるんですけど。
門馬　あれは笹川良一さんらに引き込まれて、相撲あがりの山っ気もあって、口だけで乗っかっちゃった感じだよ。それを鶴田にも吹き込んだら馬場の耳にも入ったんで大変よ。
玉袋　それでクツワダさんは全日本を解雇されて、鶴田さんはB&Jという会社で囲われたという。
門馬　あれ以来、鶴田は馬場の言う通りにしたからね。全日本で残念だったのは、クツワダとロッキー羽田だね。ふたりともせっかく大きな身体があって顔も悪くないのに、特に羽田は気持ちが弱くてこの世界に向いていなかった。やっぱり藤原みたいに「俺が！　俺が！」って胸を張ったり、橋本真也みたいにトンパチな性格じゃないと成功しないんだよな。羽田は性格がよすぎた。
玉袋　あとはジャンボ鶴田っていう、素質が凄すぎる人が同じ団体にいたっていうのもあるのかな。
門馬　鶴田の体力っていうのは、山梨のぶどう畑に行ったら納得するよ。日川高校って知ってるでしょ？
玉袋　はい。林真理子の出身校の。
門馬　鶴田はあの進学校に毎日1時間半近くかけて自転車で通ってたんだから。あれは練習しなくたって強くなるよ。
玉袋　世界の中野浩一を超えていたかもしれねえな（笑）。
門馬　俺は墓参りで4回行ってるから。いいお墓だよ。ジャンボの等身大の碑があって「人生はチャレンジだ」って書いてあってね。今年も追善興行の前に行ってきたよ。「ジャンボ、また来たよ」って。
玉袋　泣けてくるね。
門馬　ある意味でプロレスを変えた男だよ。あの人の「全日本プロレスに就職しました」っていう言葉は、プロレス業界全体にカルチャーショックを与えたよ。あれは革命だったよ。あとジャンボが言ってたのは「門馬さん、ボクは推薦入学じゃないよ」って（笑）。

ガンツ　中央大学に入ったのはスポーツ推薦じゃないぞと（笑）。

「菊池孝さんから言われた『レスラーからはゴチになるな』と、ジョー樋口さんに言われた『ホラは許せるけどウソはダメだ』というふたつをいまも守ってる」（門馬）

玉袋　あと門馬さんは、阿修羅・原さんとの関わりも深いですよね？

門馬　だって原は自分が全日本に入れたんだもん。国際プロレスが潰れて田舎の（長崎県）諫早に帰るっていうときに、夜中に馬場から電話がかかってきたんだよ。ちょうど娘が高校受験のときで「お父さん、変な声の人から電話だよ」って（笑）。

ガンツ　変な声の人（笑）。

門馬　それで「モンちゃん、原が田舎に帰るっていうのは本当？」って聞かれて「話は聞いてるけど、わかんないよ」って言ったら、「止めてくれるかな。もう1回やる気があるかどうか聞いてみて」って言われてね。それで原に電話して「おまえ、田舎に帰るのか？」って聞いたら「まだ迷ってる」って言うんで、「じゃあ、馬場さんと会うか？　俺が保証人という形になるから一緒に行こう」って言って、当時あった六本木プリンスホテルに行ったんだよ。そこで馬場と俺と元子さんと原の四者会談をして、馬場さんが「やる気があるなら三番手でいいか？」と。

ガンツ　鶴田、天龍に次ぐ三番手の扱いだぞと、事前に説明していたんですね。

門馬　それを原は納得してね。それで天龍の下になる画作りをやるために、原が天龍に挑戦状を叩きつけるっていう流れにしたんだよ。

玉袋　日テレの『11PM』でそれをやっていたんですよね。生放送に阿修羅・原が出てきて、天龍さんに挑戦表明していたのを俺は当時観てたから。あれを仕掛けたのが門馬さんだったとはな～。

門馬　「そういう流れにすればお客さんは納得するよ」っていう話になったんだよ。俺がプロレスの内側に関わったのはその一件だけ。なんで一度しかやらなかったかと言えば、そういうのに手を染めたら色づけされちゃうじゃん。

椎名　記者じゃなくて、特定団体内部の人間扱いになりますよね。

門馬　そういう癒着が多いのよ。俺や菊池孝さんはそういうことはしない。だから菊池さんから「モンちゃん、レスラー

からはゴチになるなよ」って言われたよ。それからもうひとつ、ジョー樋口さんに言われた「モン。ホラは許せるけど、ウソはダメだぞ。おまえが観てきたことだけを書け」と。このふたつをいまも守っているから、このキャリアでいられるんじゃないかな。

玉袋　うわー、すげー。

ガンツ　「ホラはいいけど、ウソはダメだ」って、プロレスを書く上で凄く大事なことですね。

門馬　そう。いちばん大事だと思うよ。

玉袋　芸人の世界だってそうだよ。

椎名　ホラはエンターテインメントですもんね。

玉袋　そう。だからポール牧師匠の話はエンターテインメントだったんだよ。やっぱり猪木さんの話も聞きたいんですけど、モハメド・アリ戦について門馬さんはどう思ってたんですか？

門馬　俺がいちばん複雑な気持ちだったのはその試合よ。俺はもともとボクシング担当だったじゃん。

玉袋　ボクシング側としての頭も働くわけですもんね。

門馬　だから俺はアリ戦より、猪木の対外国人で最高の試合は（ウィレム・）ルスカ戦だと思うよ。

玉袋　ルスカ戦ですか！　まあ、試合内容だったら異種格闘技戦でナンバーワンか。

門馬　俺はルスカが好きでね。もうルスカが道着を脱いで上半身裸になったときにチンポがしびれるくらいだよ（笑）。

椎名　カッコいいですよね。

門馬　男としての色気がある。それで対日本人だとやっぱりストロング小林戦。最後のジャーマンスープレックスは、猪木がブリッジしたときに自分の足が浮き上がってるじゃん。あれは最高だと思うんだよ。

ガンツ　そうですよね。

玉袋　俺も猪木さんの訃報を聞いてから、また過去の名勝負の映像を観返してるんだけど、やっぱり最初はストロング小林戦から観たもんね。次にビル・ロビンソン戦にいって、そこから異種格闘技戦にいったりとか。それが門馬さんはルスカだったと。

門馬　ナチュラルな強い身体をしていたのが最高だよ。

椎名　アスリートの頂点ですもんね。

「バーリ・トゥードの技術や知識が昔の新日本の道場にはあったっていうのは、いまの新日本からすると考えられない」（椎名）

玉袋　そりゃイワン・ゴメスも勝てないよ。

門馬　ゴメスのこと知ってるの？　コンニャクと納豆みたいなグチャグチャな寝技をいつもやってたやつ（笑）。でも藤

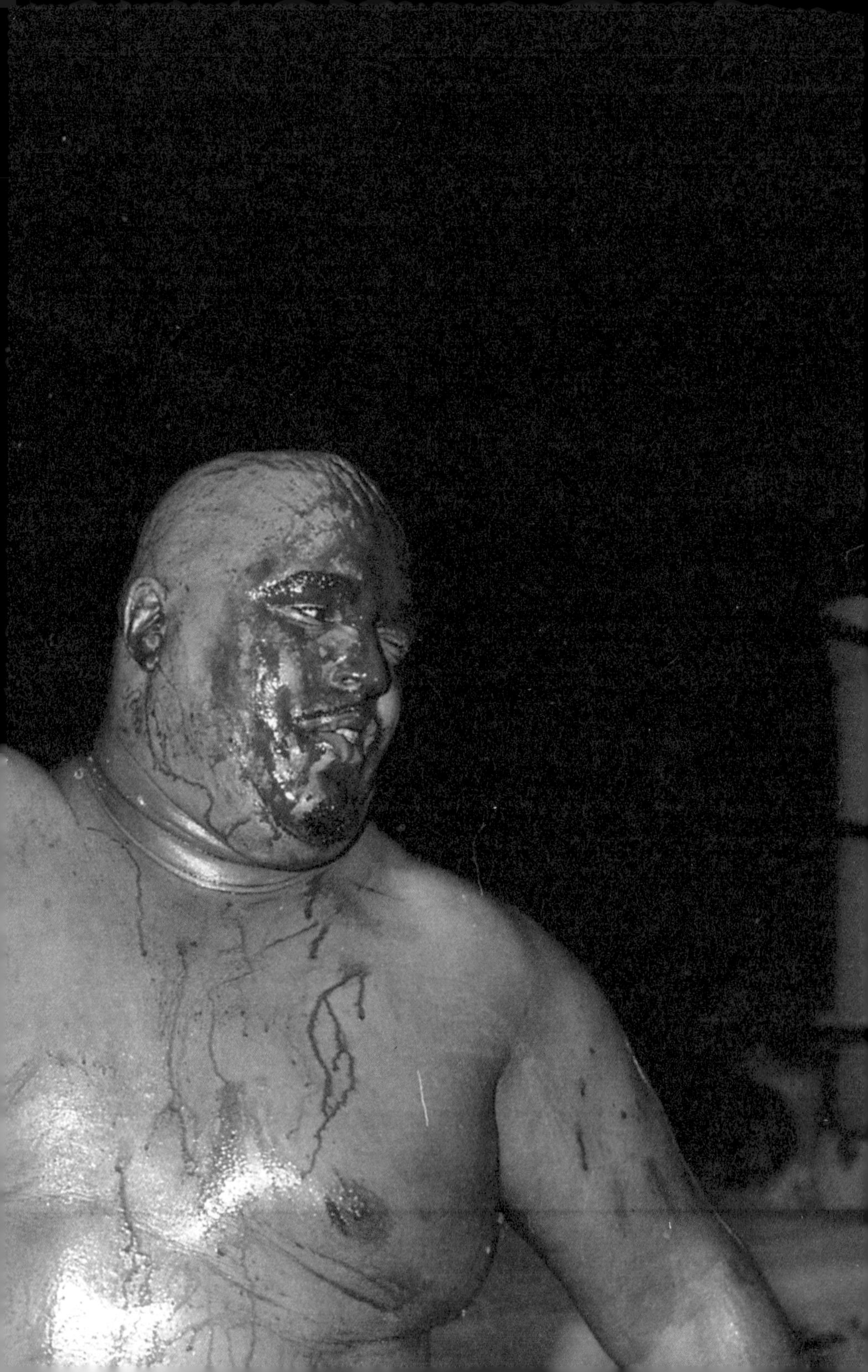

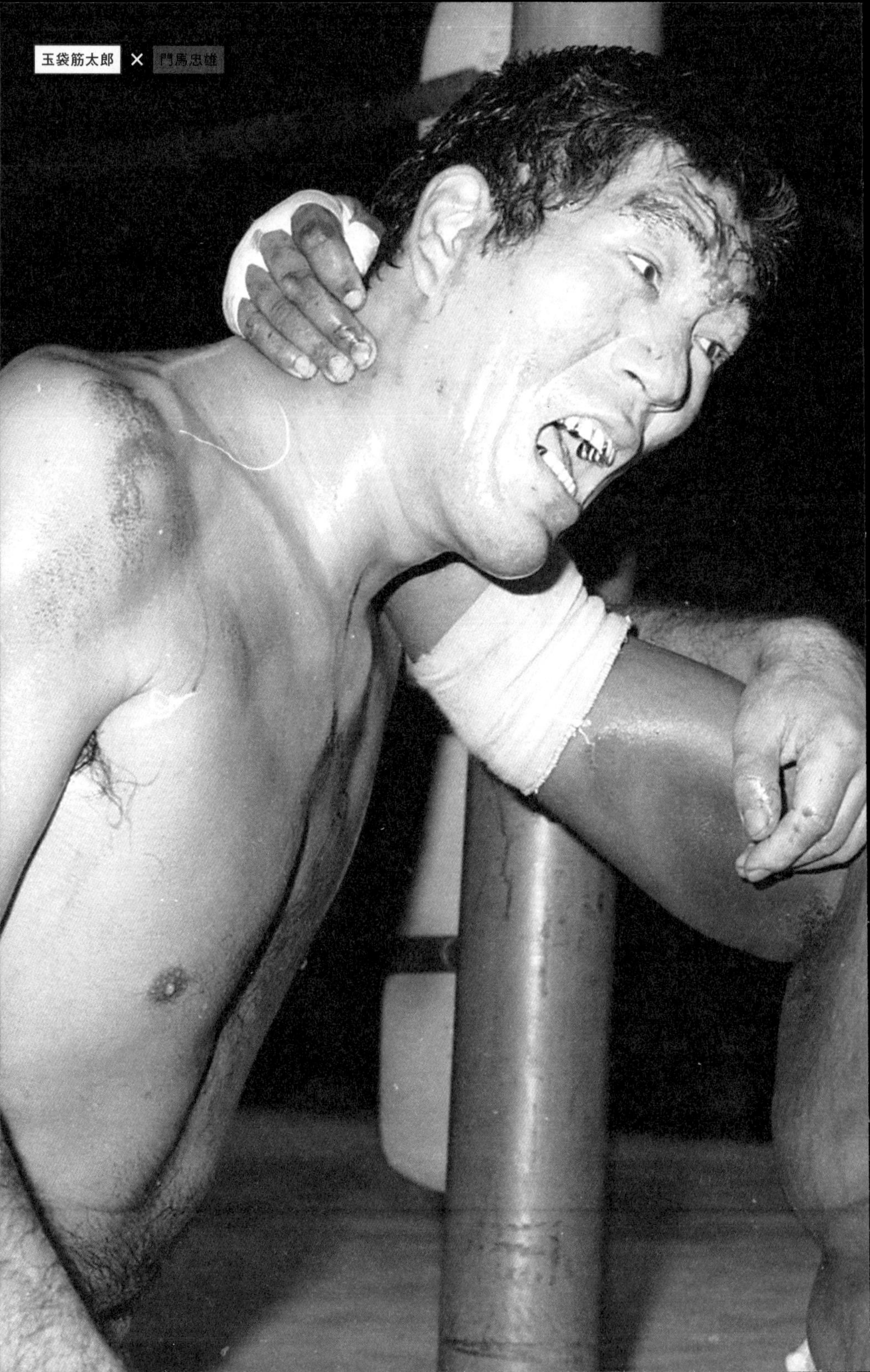

原にはいい稽古になったよね。それをじっくり観ていたのが、まだ右も左も知らない若手時代の佐山（サトル）なんだよ。

ガンツ　それがある意味、シューティングの原点というか。

門馬　佐山は勘がいいから、そのときから目で学んでいたんだろうな。

玉袋　いい話すぎるよ。

門馬　やっぱりゴメスの技術っていうのは、のちにかなり影響を与えたと思うよ。トーホールド、ヒールホールドなんかを日本に持ち込んだのはゴメスだから。

ガンツ　でも当時のイワン・ゴメスって、無名の留学生扱いだったわけじゃないですか。それなのに門馬さんはゴメスのことを注目していたんですか？

門馬　いやあ、バーリ・トゥードっていうのはどういうことをやるのかって、ずっと観てたんだよ。

椎名　そのときにバーリ・トゥードっていう言葉はもうあったんですか？

門馬　あったよ。

玉袋　バリツーズだよな。

門馬　そう。バリツーズ王者ってどんなもんだと思ってね。

椎名　UFCが始まるはるか前から、そういう見方をしていたんですね。

門馬　ゴメスは最初、ブラジルから猪木に挑戦しに来たんだから。でも猪木はゴメスとやってないでしょ。商売にならないと思ったからだろうね。

ガンツ　当時だとそうでしょうね。

門馬　PRIDEやK－1が人気の時代なら話は別だけど、ゴメスが来たのはその30年近く前だからね。まだお客さんに受け入れられなかったよ。

玉袋　逆に言えば、PRIDE全盛の30年前から新日本にはイワン・ゴメスが参戦していて、バーリ・トゥードの技術も伝わっていたっていうのが凄いよ。

ガンツ　猪木―アリ状態というのも、猪木にバーリ・トゥードの知識がなかったら生まれていなかったかもしれないですもんね。

椎名　そういう技術や知識が昔の新日本の道場にはあったっていうのは、いまの新日本からすると考えられないよね。

玉袋　もう別物だもんな。門馬さんから見て、いまの新日がどうだこうだっていうのは、聞くだけ野暮になっちゃうかもしれないんですが。

門馬　坂口体制の時代、私は新日本のパンフレット執筆者でもあったのよ。だからいまの新日本に対しては、期待感と、愛情と、失望と、相半ばであると。でも、しっかりと選手が育っていることが新日本のいちばんの強み。

ガンツ　選手層の厚さは他を圧倒していますよね。

門馬　猪木の時代から新日本は、選手が次々と育っていったでしょ。そこは素晴らしいよ。全日本は馬場の個性は認めるけど、後継者のコマがいなくなったのがいちばん大きかったんじゃないかな。やっぱり全日本はジャイアント馬場の個人商店の色が強かった。だから全日本はよく50年持ちこたえたよね。

玉袋　一時は所属選手が川田利明と渕正信だけになったわけですもんね。

門馬　考えたら猪木の遺伝子たちっていうのは世界に派生しているわけだよ。逆に馬場の本当の弟子たちっていうのはもうみんな定年を超えてるでしょ。

ガンツ　まあ、秋山準選手が最後の弟子ぐらいで、本当のフルタイムで弟子と呼べる選手は大仁田さん、渕さん世代ですもんね。

門馬　俺は諏訪魔をよく知ってるんだよ。彼は（大船の）隣の藤沢じゃん。ただ、あの顔じゃダメだ。

玉袋　文字通りエースの顔じゃねえと（笑）。

門馬　今年、安齊（勇馬）っていうのが入ってきたでしょ。

ガンツ　中央大学レスリング部出身の大型ルーキーですよね。

門馬　あれに期待してるんだけどね。あとは宮原（健斗）、斉藤兄弟（斉藤ジュン、斉藤レイ）、青柳（優馬）と粒は揃ってるんだから。どういうふうに育てるか。

「最初はプロレスが好きじゃないのに身を投じさせられたっていう、そこから始まる門馬さんのボヤキ人生（笑）」（玉袋）

椎名　いまの全日本や新日本もしっかり観ているんですね。

門馬　やっぱり気になるよ。新日本のほうは心配ない。だから最初に言ったように、力道山が亡くなったときはプロレスの危機だったけど、猪木はプロレスの未来形に暗示を与えて亡くなったんだよ。俺はそう思ってる。猪木が亡くなったとき、オカダ・カズチカが「猪木さん、バカヤロー！」って言ったでしょ。猪木とは会話だけのやりとりだったかもしれないけど、オカダがちゃんと指揮棒をとってくれたら新日本はいい形になるんじゃない？　ただ、背広組の力が強すぎる感じはする。あくまでもビジネスでしょ。

玉袋　経営者としては当然なのかもしれないけど、プロレスってビジネスじゃ割り切れないものですよね。

門馬　そうよ。ビジネスライクになったら体臭が出ないのよ。

玉袋　体臭が必要な〝体臭文化〟がプロレスってことか。

ガンツ　醸し出す匂いですね。

門馬　しっかりとした会社組織の駒になってるだけじゃ、プロレスラーっていうのは匂いを出せないよ。

玉袋　いい匂いを出してほしいですけどねえ。

門馬　やっぱりレスラーがトップでなきゃ。いいか悪いかは別だよ。
玉袋　ビジネスとしてはいいかもしれないけど、ビジネスっていうだけでは括れないってことだよな。
門馬　という結論でいかがでしょうか？
椎名　結局、門馬さんはプロレスが大好きなんじゃないですか（笑）。
ガンツ　本当は（笑）。
門馬　いい時代を過ごしたからね。
玉袋　最高ですよ。
門馬　ひとつの財産だね。
玉袋　人生を懸けたというか、身を投じたっていうかね。最初はプロレスが好きじゃないのに投じさせられたっていう、そこから始まる門馬さんのボヤキ人生（笑）。だけど結局、いちばん長くプロレスに携わったわけですもんね。
門馬　自分でも信じがたいよ（笑）。
椎名　まだ仕事が続いているって素晴らしいですよ。
門馬　取り組む姿勢、いや、人間性の問題だよ。最初に言ったストロングスタイルとは闘う姿勢っていうのと同じ。
玉袋　ある意味、馬場派だった門馬さんもじつはストロングスタイルってことか。
門馬　新日本のストロングスタイルに対して、全日本は王道って言われたでしょ。でも「王道」っていう言葉を馬場さんは1回も発していないからね。あれは好き勝手なことを言ってる新日本に対して、菊池孝さんがつけた戦略用語よ。
玉袋　どっちに電通、博報堂がつくかみたいな、キャッチコピーの闘いでもあったわけか。
門馬　俺、菊池さんに「なんで王道なの？」って聞いたことがあるんだよ。そうしたら「リキパレスの上にクラウン（王冠）があるだろ。あれだよ」って。
椎名　なるほど。クラウンなんですね。
玉袋　力道山から王冠を受け継いだっていうね。

「結局はプロレスが好きだってことだよな（笑）。でもいまだにプロレスっていうのはわからないね。難しい」（門馬）

門馬　だからいまの全日本のエースの宮原健斗に言おうかなと思って。『もう時代は違う。王道じゃない。俺たちの時代だ』って言えよ」って。猪木が死んだ以上、もう王道はいらないんだから。
椎名　なるほど！　猪木イズムに対抗するための言葉なわけですもんね。
門馬　俺はそう思う。
ガンツ　いまの新日本が猪木の過激なプロレスじゃないなら、

全日本がそれに対抗する馬場の王道プロレスじゃなくてもいいってことですね。

玉袋 片っぽだけ王道を続けていたらバランスが取れない。もうやじろべえは指から落っこちるんだから「おまえら、新しいものを作れよ！」って感じになるわけか。

門馬 だから宮原が新しいものを作ればいいんだよ。新日本はオカダが業界の旗振り役をやってもらえばいいんだよ。

玉袋 そこまで考えてる門馬さんはやっぱり……（笑）。

門馬 結局はプロレスが好きだってことだよな（笑）。

玉袋 いま、ここでオチがついたけど、門馬さんの文章を読んでると、メモリーがお酒にうまくブレンドされていて行間を読ませてくれるんだよね。そこが最高だよ。

門馬 だけどいまだにプロレスっていうのはわからないね。難しい。

玉袋 えーっ、プロレス記者生活60年近い男がいまだにプロレスがわからない⁉ じゃあ、俺たちがわかるまで、あとどれだけかかるんだよ（笑）。

門馬 だからプロレスなんだよ。

玉袋 そっかー、なかなかわからないからプロレスなんだな。

ガンツ 猪木さんも晩年、「まだプロレスがわからない」って言っていましたからね。

玉袋 俺たちなんか、まだまだひよっこってことだな。最後に門馬さんにひとつ謝らなきゃいけないことがあるんですよ。

門馬 なに？

玉袋 門馬さんの名著である『プロレス酔虎伝』（三一書房）。俺はあの本が本当に大好きなんですけど、大好きすぎて『夕刊フジ』で毎週金曜日に連載しているコラムのタイトルとして勝手に拝借しちゃってるんですよ。『玉ちゃんのスナック酔詩伝』っていうタイトルで。

椎名 門馬イズムの継承ですね（笑）。

玉袋 継承っていうか、勝手にいただいちゃってたんで。ここでひとつすみませんでしたと（笑）。

門馬 そんなのどんどん使ってよ。プロレスの世界なんて、人が作った言葉をみんな勝手に使ってるんだから（笑）。

玉袋 ではお言葉に甘えて、これからも大事に使わせていただきます。今日はありがとうございました！

門馬 いやー、楽しかったよ。ありがとう！

自己投影観戦記 できれば強くなりたかった

第130回

『さよなら、野口健』を読んでアントンスマイルについて考えたこと

椎名基樹

椎名基樹（しいな・もとき）1968年4月11日生まれ。放送作家。コラムニスト。

アルピニストの野口健を描いた書籍『さよなら、野口健』（小林元喜・集英社インターナショナル）がおもしろいという記事を、インターネットの片隅で見つけ購入した。ひさしぶりに新刊を買った。電子書籍で約2000円。本って高いね、いま。いつも古電子書籍ばかり買ってるからな。

この本を買った理由は、野口健にずっと興味があったからである。野口健に興味を持ったのは20年以上前の出来事がきっかけであった。

20年ほど前に、私は代々木にあった『紙のプロレス』の編集部に遊びに行った。そのとき吉田豪さんが、「野口健ってヤバいんですよ」といった感じで、彼が書いたばかりのインタビュー記事を見せてくれた。

豪ちゃんは、いかに野口健が、常識外れの豪快な人物であるか語ってくれた。その一例として、野口健はネパール人のローティーンと結婚していて、結婚生活の実態がほとんどないことを教えてくれた（このことで後に、野口健は批判され追い詰められることになる。その顛末は、件の書籍に詳しく書いてある）。その当時、野口健には清廉潔白な登山家のイメージしかなかったので、私は非常に興味をそそられた。

このとき、同時に豪ちゃんから、乙武洋匡の記事も見せていただいて、彼の自由奔放なキャラクターについて教えてもらった記憶がある。乙武くんの「ワルな部分」を世の中に知らしめたのは、多分この記事がいちばん最初だったのだろう。

『さよなら、野口健』の中に野口健を評して「石原慎太郎と同じく、ニコっとしたその笑顔だけで、まるで何をしても許されるような生来のズルい笑顔というのは存在する」という一節があった。それを読んで、私はアントンスマイルを思い出した。アントニオ猪木の笑顔も同じように、非常に魅力的で、破顔一笑されると骨抜きにされてしまう。それは、アントンスマイルと呼ばれている。

確かに猪木の笑顔は印象的だ。私は目を閉じるとアントニオ猪木のその笑顔を思い描くことができる。目尻に、数本の太いシワが入り、目が細くなる。口が、ガッと広がって、口角が上がる。豪快で、親しみぶかく、爽やかである。

『さよなら、野口健』の作者は、野口健の側近として長年務めた人物であり、またその前には石原慎太郎と仕事をしていた。石原慎太郎の記述があるのはそのためである。

確かに石原慎太郎の笑顔も思い出すことができる。それは猪木に比べると、なんだかちょっとひきつった笑顔に見えなくもない。だが、全身から怒気を漲らした、石原慎太郎であるから、突然破顔一笑されたら、そのギャップにやられてしまう事は想像できる。

私は生のアントンスマイルを見たことが二度ある。一度目は2003年、大晦日の格闘技テレビ戦争のアピールで、師走の新宿中央公園で猪木がゲーリー・グッドリッチら興行に出場する選手を引き連れておこなった、炊き出しのときであった。

私は当時、新宿中央公園の近くに住んでいて、猪木の炊き出しの情報をつかんで、その列に並んだのだった。猪木は満面のアントンスマイルで汁物を配っていて、私は「これが噂のアントンスマイルか！　確かにこれはすべてを許してしまう」と感じたのだった。

二度目のアントンスマイル体験は、2020年に本誌の変態座談会で、アントニオ猪木にお話を伺ったときだ。このときはコロナウイルスの流行り始めだった。それにかこつけて、堀江ガンツが「巌流島決戦は、いま相撲などでおこなわれている。無観客試合の元祖だ」と言うと、あまりのこじつけぶりに破顔一笑したのが印象的だった。花が咲いたようなアントンスマイルに、なんだか嬉しくなったことを憶えている。あと「頭の回転が速いな」とも思った。

話は少し脱線するけれど、変態座談会で定期的に人の話を聞くようになって、思ったことがある。それは「話し方やしぐさ、表情などが似ている人は、内面も似ているのだろうか？」ということである。

私の友人のテレビマンと、安生洋二の話し方はそっくりである。その友人は、京都大学出身で、安生洋二のインテリジェンスと重なる部分がある。超がつく不良おじさんの友人は、百田光雄と同じバイブスをしていた。松永光弘とターザン後藤は、対峙してみると非常に近い感触があった。彼らの妖気じみて、非常にエキセントリックな趣味は近い気がする。

アントニオ猪木と野口健は重なる部分があるのだろうか？

『さよなら、野口健』は、彼の裏の顔を描いた暴露本の要素もある。「裏の顔」といっても、そこに描かれている姿には「汚さ」や「腹黒さ」といったものは一切ない。むしろ純粋さに驚く。

ネガティブな部分といえば、過剰気味な「外面のよさ」、そしてその反動なのか、身内スタッフに対する、わがままや疑心暗鬼による仕打ちといった、卑屈とも映る人間性である。

アルピニストは、登山をするにあたり、自ら企業に片っ端から電話をかけて、スポンサーを募る営業をするという。新日本プロレスの社長であった、アントニオ猪木も、スポンサーに頭を下げ、ご機嫌を伺うことは大切な仕事だっただろう。英雄にとってそれは、大変なストレスだったと想像できる。

腹心に疑心暗鬼を抱き追放する。アントニオ猪木で言えば、新間寿を思い浮かべる。猪木をプロデュースすることに、人生を捧げた新間寿であったが、袂を分かつとその憎悪を隠さなかった。

人を魅了する笑顔をするというだけで、何も人間性が共通するとは言えない。ただ、野口健も石原慎太郎もアントニオ猪木も、スケールの大きい夢を持ち、自分の下の者を食わせていく責任を負ったリーダーだとは言えると思う。

アントニオ猪木も石原慎太郎も、2022年に亡くなってしまったんだな。いい笑顔は脳裏に焼きつくものであるらしい。いまから鏡を見て、笑顔の練習をしようかしら。

プロレスがわかれば世の中が、
そして世界が見えてくる。

斎藤文彦×プチ鹿島

プロレス社会学のススメ

活字と映像の隙間から考察する

司会・構成：堀江ガンツ　撮影：橋詰大地　写真：

第34回

新しいプロレス・コミュニティー

2022年は英雄・アントニオ猪木が亡くなった年であり、新日本プロレスと全日本プロレスの50周年イヤーだった。

2月21日に武藤敬司引退試合も控えている2023年は、間違いなくプロレス界が変革を遂げる年になるだろう。

今年も多角的に想像を掻き立てながらプロレスを観ることを推奨する『プロレス社会学のススメ』をよろしくお願いします。

「プロレスはワンシークエンスごとにつながっていて伏線が用意されているから、マニア目線ではファスト動画にはできない」（斎藤）

――今回は2022年最後の収録で、2023年新年号に掲載されるわけですけど、この『プロレス社会学のススメ』が書籍化されたのが、ちょうど1年前なんですよね。

鹿島　そうでしたね。年末に発売して、1月に発売記念トークイベントをやったりして。

斎藤　何かもっと昔のような気もするし、「もう1年経ったの？」っていう感覚もあったりしますね。というのは、2022年はいろんなことがまるで「コロナ明け」のように解禁されていった一方、まだコロナ自体はぜんぜん収束していなくて、感染者数もいままた全国各地で過去最高を記録していることも影響している気がします。

――書籍化した『プロレス社会学のススメ』には〝コロナ時代を生きるヒント〟という副題がついていますが、コロナが蔓延し始めたのとほぼ同時に始まっていますからね。

斎藤　いわゆる「失われた3年間」とボク

らのこのトークはどこかで常にリンクしてきた。

鹿島　3年間というと、高校や中学の3年間すべてがコロナ禍ということになりますから。ボクらは「オジサンの3年間」だからまだいいけど、10代の人たちにはちょっと酷ですよね。みんなマスクをしているから、そんなに仲良くない人は顔もわからないまま卒業っていうパターンもあるわけで。

斎藤　いまは「顔パンツ」というフレーズがあるくらいですからね。マスクをしていないのはパンツを履いていないのと同じだっていう比喩で、ボーイフレンドが「マスクを脱ぎなよ」って言ったら、彼女が「結婚するまではダメ」って答えるみたいな。そういうギャグもあったりしますよね。

鹿島　結局、ソーシャルディスタンスということで、友達とつるんだり、たむろしたりするいい時間がNGだったわけでしょ。これは大人になってからの人格形成とかにも影響あると思うんですけどね。

——ボクは学生時代、プロレスを観に行きまくってましたけど、もし自分が若い頃コロナ禍だったら、全然違う人生だったかもしれないなって思いますよ。〝密航〟なんて、まずありえないじゃないですか（笑）。

鹿島　密航こそ無駄の極地ですよ。わざと青春18きっぷを使って鈍行列車で行っちゃったりして（笑）。

——でもそのが無駄がおもしろいし、無駄こそ思い出に残るんですけどね。

鹿島　2022年はファスト映画が裁判になったじゃないですか。それって映画のあらすじ要約動画が実際の劇場公開映画の興行に影響を与えるほど多くの人に観られているってことですけど、ボクらからするところで何がおもしろいんだ？「端折ってストーリーだけがわかったところで何がおもしろいんだ？」っていう気持ちがあるじゃないですか。

斎藤　ありますね。ボクなんかは映画や海外ドラマを家で観るとき、リモコンで早送りすることはまずない。

鹿島　その一方で、ボクらの10、20代のときと比べたらいまは情報がもの凄く多いから、「全部についていかなきゃいけない」っていう強迫観念みたいなものがあって、そうなると早送りしてでもいちおうチェックして追いついていかざるをえない。そういうのがあると思うんですよね。

斎藤　だとしても、いいものはやっぱり全編観てほしい。

鹿島　あともうひとつ「無駄なものは観たくない」という考えらしいんですよ。だからネタバレとかも聞いて、逆に最初からおもしろさが保証されているものを観るっていう。

——〝コスパ〟ですね。

鹿島　だけど、たとえば『北の国から』って名作ですけど、あのドラマは〝間〟が多いから、そこを端折るとおそらく10分くらいで終わっちゃうんですよ（笑）。富良野の景色とかキタキツネの映像なんかもあるし。

——ドラマ部分も純がぐずぐずしていて言い出せないのが10分くらい平気で続くか

KAMINOGE FORUM

ら、飛ばしちゃうんでしょうね（笑）。

鹿島　でも、そういう場面こそが重要だったりするじゃないですか。２０２２年はそういうことを考えさせられた年ですけど、あらためて考えてみると、ボクは猪木を観てきたから早送りができないんだなと思っちゃって。猪木プロレスって早送りができないじゃないですか。

斎藤　猪木さんにかぎらず、プロレスの試合を短縮してしまったらまったく意味がないですよ。プロレスの試合というのは、ワンシークエンスごとにつながっていて伏線が用意されている。「あのとき、あれをやったから、あとでこうなった」みたいなことばかりです。たとえば30分超の試合があったとして、マニア目線ではファスト動画にはできないと思うんです。きっとハイスパットのところばかりをつなげることになって、伏線をミスっちゃうと思う。

——「じつはあの場面が重要だった」というところが抜けたら意味がないですもんね。

鹿島　またプロレスの観戦スタイルも昔だったら毎週ゴールデンタイムのテレビを観て、それが連続ドラマになっていたので、オンタイムですべて観ることに意味があったわけじゃないですか。それがゴールデンから外れてテレビ中継が連続ドラマの役割を果たせなくなってから、90年代は興行も大都市ビッグマッチ中心になって、そこも時代を反映していたのかなと思いますね。

「日本のローカルプロレスは30年前にみちのくプロレスがその先駆けとして誕生し、地方でもやっていけることを証明した」（鹿島）

——いま鹿島さんの話を聞いて思ったんですけど、80年代まではボクらは新日本と全日本を毎週かならずテレビで観ていたじゃないですか。でも90年代に入り、多団体時代に突入すると、テレビでやらない団体のほうが多くなって、とてもじゃないけど全団体を観るのは不可能になる。そのとき週プロがボクらにとってのファスト映画というか、〝ファストプロレス〟として機能していたんじゃないかなって（笑）。

鹿島　言われてみればそうですね。だから自分の若い頃を考えると、「なんで早送りしてるんだよ」って頭からバカにはできないですよね。だって多団体時代に全部観たかと言われたら、観ていないんだから。

——でも週プロによって、あの頃までは全団体の流れを追えていましたよね。たとえば普段、ＦＭＷは週プロで流れを追うだけだけど、毎年５・５川崎球場だけは行くとか。そういうことができていた。

斎藤　たしかにそういう方は多かったと思います。

——だから「ファスト映画なんておもしろいのか？」と思いがちですけど、ボクらは下手したら「週プロの試合リポートのほうが実際の試合よりおもしろい」とか言ってましたからね（笑）。

鹿島　ファスト映画を観ているいまの若いヤツらと一緒じゃないかっていう（笑）。

斎藤　まあ、当時の週プロの試合リポートは、団体ごとの担当記者の怨念がこもっていたりしましたから。

鹿島　だから、もちろん会場で生観戦できれば最高ですけど、そうじゃなくても全団体を追いながら話題についていけていた。そう考えると、一概に「いまの若い世代は」みたいなことを上から言えないなと思いましたね。しかもいまはボクらが若い頃よりも媒体や情報発信がはるかに多種多様になっているので大変だし、早送りで観るようなこともひとつの知恵なのかな、とも思いますね。

斎藤　プロレスに関していえば、時代によってやる側の試合スタイルや観る側の観戦方法も変わっていくものですが、とくにやる側のプロレスラーにとっては、それぞれ自分のテーマというか、生き方も多様化していくと思うんですね。先日、TAJIRI選手に話を聞いたんですけど、彼が2023年以降にやろうとしていることがおもしろいなと思いましたね。

――TAJIRI選手は2022年いっぱいで全日本プロレスを退団することが発表されましたけど、当然、今後のプランがすでにあるわけですね。

斎藤　2022年12月31日付でジェイク・リー、TAJIRI、イザナギの3選手が全日本との契約を更新せずに退団となりましたが、もちろんそれぞれ考えがあっての退団。TAJIRI選手の場合は、生活の拠点を九州に移すつもりらしいんです。

鹿島　あっ、そうなんですか。

斎藤　空き家になっている古い家を建て直しながら、そこでB&B（ベッド&ブレックファースト）をやりたいというプランがまずある。釣りでもしながら自分で釣った魚をさばいて、それを食べて暮らすという夢がひとつあるんだけど、そこに世界中からプロレスラー志願の若者たちを集めて、古い日本家屋で生活させながらレスリングスクールをやろうとしているんです。

――闘龍門以降、レスリングスクール自体は珍しくなくなりましたけど、日本で外国人向けのスクールをやるというのは新しいですね。

斎藤　TAJIRIは元WWEスーパースターだから、全日本に在籍中も海外からのオファーがひっきりなしで、しょっちゅう海外に行っていたんです。そうすると、どこに行っても「子どもの頃に観てました」っていうTAJIRIチルドレンみたいな人たちと出会う。WWEの映像は全世界で放送、配信されているので、アメリカだけじゃなくて、アジア、ヨーロッパ、さらにはプロレス未開の地であるモロッコとか、「こんなところにプロレスラーになりたい人がいるの？」っていう国々にプロレスラー志願の若者がいることがわかってきた。でもアメリカ、ヨーロッパ以外では、プロレスを教えてくれるところがあまりない。

鹿島　いろんな国でWWEを観ることはできるけれど、プロレスが習える国は限られているんですね。

斎藤　それで日本に来たがっている若者がたくさんいるので、彼らを九州に集めて、そこに住まわせながらプロレスを教えて、試合をさせようっていう計画なんです。

鹿島　九州っていう場所の意味合いも含めて、もちろんビジネス的にも勝算があっての計画なんですよね？

斎藤　そうなのでしょう。九州のローカルプロレスって東京にはあまり情報が入っていないだけで、たとえば「九州プロレス」という団体は年間100試合くらいやっているんです。

鹿島　そんなにやってるんですか！

斎藤　毎週土日にやるだけでも100試合にはなるので。しかもちゃんと利益があがっているっていうんです。ローカルでもちゃんと宣伝をして広告もしっかり入っていて。だから東京じゃなくてもプロレスはできるぞと。そして九州を本拠地にして、世界に向けて試合動画、番組動画のストリーミング配信をやるという、凄い話なんです。

――九州で直接教えつつ、世界に向けて情報発信もできるという。

鹿島　いいですねー。日本のローカルプロレスは、30年前にみちのくプロレスがその先駆けとして誕生し、地方でもやっていけることを証明しましたけど。いまはネット配信という新たなツールがあることで、またブラッシュアップされておもしろいですね。

斎藤　30年前にザ・グレート・サスケが「みちのくプロレス50カ年計画」という話をしていて、それは気が遠くなるほど先のことだと思っていたんですけど、みちのくはしっかり30年続きましたからね。そう考えると、10年、20年、30年のスパンでものをとらえないといけないんだなって思い知らされますよね。

「プロレスは答えがひとつじゃないから明確な方向性がない。だからプロレスを知らない人たちに教えるのは凄く難しいんです」（斎藤）

鹿島　いまは企業とかも地方に移転していますからね。

斎藤　そうですね。ますますリモートワークが可能になっているし。九州にはプロレス団体が4、5団体ある。

――九州ってけっこうあるんですよね。

斎藤　筑前りょう太の九州プロレスはNPO法人で、大分で市議会議員をやっているスカルリーパー・エイジの団体もあるし、地方にミニサスケみたいな人がけっこういるんです。

――また、いまは海外に比べて日本の物価が安いじゃないですか。だから海外の人が、そんなにお金をかけずにプロレスを学べるってことですよね。

鹿島　東京じゃなくて地方なら、さらにコストが安いでしょうしね。

斎藤　だからアメリカ中心主義に対するおおいなるチャレンジみたいな感じで、世界から日本にレスラー志願者を集めて、さらに世界に羽ばたかせるということをやろうとしているんです。TAJIRIはそれを自給自足の民泊みたいなこともしながらやろうとしている。

――ちょっと九州まで泊まりに行きたくな

りますね（笑）。
斎藤　ボクも行こうと思っています。ぜひ行きましょう。なぜ、ＴＡＪＩＲＩが九州で古い家屋をリフォームして、そこにプロレス・コミュニティーを作ろうとしているのかというと、高齢者社会がますます加速化するなかで地方都市には空き家になっている大きな家がたくさんあるらしいんです。
鹿島　地方の空き家問題は本当に深刻ですもんね。
斎藤　実際、家が凄く大きくて、庭も広く、それこそ学校の校庭くらいあるような敷地が軒並み空き家になっているということをＴＡＪＩＲＩはすでにリサーチしたんです。しかも空き家だから、そんな物件が驚くほど安く手に入る。
鹿島　こないだ地方では空き家を１００円から売っているという新聞記事を見ましたよ。家の１００円ショップですよね。それでも売れないっていうんですから（笑）。
――土地代やリフォーム代はかかるだろうし、交通の便とか、そもそも地方に仕事があるのかとか、いろいろと問題はあるんでしょうね。
鹿島　それをプロレスに利用するっていうのはおもしろいかもしれない。ＴＡＪＩＲＩさんの着眼点はさすがですね。
斎藤　彼はＩＷＡジャパン、大日本プロレスからスタートして、メキシコに住み、ＥＣＷを経由してＷＷＥに長く在籍したし、帰国してからはハッスルのようなものも体験した。ゲストではあるけれど新日本にも出て、ほとんどの団体をひと通り経験しているので、もうレスラーＴＡＪＩＲＩとしての欲みたいなものはあまりなくて、「こんなふうにしてプロレスをいじれないかな。そうしたらみんなが楽しいんだけどな」ってことをいろいろと考えているんですね。
鹿島　素晴らしいですね。
斎藤　その中のひとつとして、今度は丹下段平みたいになってプロレスラーを育てて過ごしたいんだって。
――酔っ払いの老トレーナーとして世界を目指すと（笑）。
鹿島　しかも、ただ育てるだけじゃなくて、プロレスの世界を変えていくってことですよね。
斎藤　彼は若い頃はメキシコでルチャをやってきて、日本ではインディーからメジャーまで体験して、ＷＷＥのロースターになり、近年はＷＷＥパフォーマンスセンターにコーチとしても招かれたでしょ。だからゼロからプロレスを教えることができるんです。たとえばＴＡＪＩＲＩがパフォーマンスセンターで教えた中国から来た練習生たちは、プロレスがない国で、プロレスを観ないで育った人たち。その人たちにプロレスのスキルだけでなく、概念から教えていたんです。
――プロレスが存在しない世界から来た人に教えるって、きっとめちゃくちゃ大変ですよね。
斎藤　いくらビデオを観せて説明しても、「じゃあ、技を順番にやればいいんだね」っ

て理解したりするんですね。「いや、違うんだ。闘ってるんだ、試合なんだ」って言うと、「それじゃケガするかもしれないじゃん」「いや、ケガはしても、させてもいけないの」とかね。

鹿島　「プロレスとは何か?」をまず理解させなきゃいけないという。

斎藤　「パフォーマンス・アートのようなものだ」と思ってしまったら、そうだとしか思えないんだけど、試合の形式をしているから、そこには勝つ人と負ける人が出てくるわけです。選手たちはみんな勝ちたいんだけど、純粋に勝ち負けだけを競っているわけじゃなくて、そこには演出が入ってくるということを説明すると、プロレスを知らない国から来た人は頭を抱えてしまう。

鹿島　プロレスには矛盾がたくさんあるから、余計にわけがわからなくなっちゃうわけですね。

斎藤　これがシルク・ドゥ・ソレイユだったら、スキルを教えて、アクロバチックな

フォーメーションを磨いていくっていう明確な方向性があるけれど、プロレスは答えがひとつじゃないから、プロレスを知らない人たちにそれを教えるのって凄く難しいんです。だって相手を殴らないとプロレスにはならないんだけど、でも鼻っ柱をいきなりグーで殴る人はいないわけです。

鹿島　そうですね。相手を痛めつけるけど、痛めつけすぎちゃいけないっていう（笑）。

斎藤　そのサジ加減がよくわからないから、「こっちがやられて痛かったら、思いっきりやり返してもいい？」とか、じつに素朴な疑問をぶつけてきたりするんです。

「力道山はプロレスを知らない日本の観客を教育してブームを巻き起こしたんだから凄いですよ。それは北朝鮮での猪木vsフレアーも同じこと」（鹿島）

——そう考えると、1989年に猪木さんがソ連の選手たちを初めて呼んだとき、ソ連というプロレスがなかった国の選手たちをあれだけの短期間でプロレスラーにしたっていうのは、あらためて凄いですね。

斎藤　猪木さんは旧ソ連の選手に3つのことを教えたんです。それは信頼、感性、表現力。「信頼」というのは、相手を信頼しないとプロレスはできませんと。だからあなたは私を信頼して、私もあなたを信頼すると。それと「感性」と「表現力」ということを解説して、プロレスという勝ち負けだけではないエンターテインメントスポーツを説明していった。競技の世界だけで生きてきたソ連の選手たちには、なかなか理解するのが難しいことだったと思いますけど、そこですぐにプロレスを理解したのがサルマン・ハシミコフとビクトル・ザンギエフのふたりだったのです。

鹿島　あのふたりは技術が凄いだけじゃなく、そういう感性がずば抜けてたんですね。

——そしてその2年後、リングスにヴォルク・ハンが登場するわけですよね。

斎藤　あの人もそういう感性が鋭くて、魅せるセンスも抜群だった。本名じゃなくて、ちゃんと最初からリングネームだったこともそれを裏づけていた。

——すぐにファンに覚えられましたもんね。本名のカムザトハノフ・マゴメットハンだったらそうはいかなかったかもしれない（笑）。

斎藤　そういう未知の国からやってきた人が、プロレスを自分なりに解釈して成功するなんて本当に素晴らしいことです。

——そもそも日本だってプロレスが存在しない国だったけど、アメリカから輸入したわけですもんね。

鹿島　それも力道山の感性の鋭さですよね。

斎藤　日本だとお相撲との共通点がたくさんあるから、理解しやすかったのかもしれない。だから力道山はプロレスと相撲の文化をうまくミックスさせて日本に定着させましたよね。

鹿島　プロレスを知らない日本の観客を教育して、ブームを巻き起こしたんだから凄いですよね。そう考えると、猪木さんが北朝鮮でリック・フレアーとやって観客を熱狂させたのも、力道山がシャープ兄弟とやったようなことと同じことを北朝鮮でやったってことですよね。

斎藤　そういうことでしょうね。北朝鮮のときは初日のメインイベントが橋本真也vsスコット・ノートンで、バチバチの凄い肉弾戦をやったんだけど、あまりウケなかった。やはり初めてプロレスを観る人たち相手には、猪木さんのケレン味だったり、フレアーの芝居がかったプロレスのほうがわかりやすかったのでしょう。

——要は観客の心を動かすテクニックなど、プロレスを知り尽くした達人同士がプロレスの真髄を見せたわけですよね。

斎藤　あれはプロレスの教科書ですよね。しかも、あのときのふたりはまったくの初対面、初対決だった。おそらく猪木さんとフレアーは試合の中でお互いに触れ合いながら何かを感じとって、それが共鳴したんだと思います。

鹿島　ある種、力道山vsシャープ兄弟以来のプロレスを知らない観客が、試合の中でプロレスにハマっていくドキュメントを、ボクらはテレビを通じて観られたってことですよね。

——あと北朝鮮の『平和の祭典』で猪木vsフレアー以外にもうひとつウケたのが、全日本女子プロレス提供試合だったんですよね。

斎藤　初日がブル中野&北斗晶vs豊田真奈美&吉田万里子で、2日目がブルvs北斗のシングルマッチが組まれていた。

——全女の選手たちって全国津々浦々を巡業で回って、普段はプロレスを観ていないおじいちゃん、おばあちゃんを含めた一般層のお客さんを相手に毎日試合していたから、一見さん相手でも満足させるスキルが磨かれているんですよね。

鹿島　「どんな客でも沸かせてやろう」っていう気概もありますよね。

斎藤　男のプロレスの中で、1試合だけ女子の試合があったから目立つし、全日本女子のメンバーにとってはそれまで何百回、何千回と闘ってきた相手同士ですから。

——ブル＆北斗vs豊田＆吉田だと、どっちがベビーでどっちがヒールか一目でわかるし、これもまた女子プロレスの真髄を見せたんでしょうね。

斎藤　この北朝鮮の例からもわかるように、プロレスは言葉が通じなくても、文化や生活習慣が違っても、それを観た人たちの心を動かすことができる芸術ですよね。そういう意味で、世界中にライブ配信、ストリーミング配信するのに適したジャンルだと言えるし、そういうことをTAJIRIは考えているみたいなんです。

鹿島　そういう新たな流れはおもしろいですよね。

——2022年という新日本と全日本の50周年イヤーが終わり、猪木さんがお亡くなりになり、2023年はまたプロレス界が変わっていく年になりそうですね。

斎藤　2023年2月21日には東京ドームで武藤敬司の引退試合もありますね。

鹿島　この武藤さんの引退っていうのもかなり大きな影響を与えそうですよね。

「試合を観るだけじゃなく、予想して仮説を立てたり、妄想してイマジネーションを広げたりするのもプロレスの楽しい観方」

斎藤　1・1日本武道館でのグレート・ムタvs中邑真輔、1・22横浜アリーナでのグレート・ムタとしてのラストマッチ、そして2・21東京ドームでの武藤敬司の引退試合と、年始から武藤に話題がかなり集中するでしょう。この号が出る頃には発表されているかもしれないけれど、武藤の引退試合の対戦相手が今日（12月9日）の時点でまだ一切発表されていない。

——ドーム興行で、2カ月前に1カードも発表されてないっていうのは異例ですよね。

鹿島　20年前のゴタゴタしていた頃の新日本みたいに、カードが発表できないんじゃなくて、今度のノアの場合、あえてしてないんでしょうね。

斎藤　ビッグサプライズを狙っているんだと思います。

——ボクらプロレスマスコミの人間でも、誰が引退試合の相手なのか、噂すら聞かないですからね。口が軽い人だらけの業界なのに（笑）。

鹿島　噂話が大好きな（笑）。

斎藤　本当に一部の人間しか知らなくて、それも箝口令が敷かれているんじゃないかと思えるくらい、何ひとつ情報が洩れていない。だから以前、ガンツくんが雑談の中で「武藤の引退試合の相手は〇〇〇じゃないか」って言っていたけど、ボクなりに調べれば調べるほど、その人に1票なんです。

鹿島　それは夢がありすぎますね！

斎藤　でも、これは予想とはいえ、もし当たっていたらとんでもないフライングになってしまうから気をつけなきゃいけないでしょ？

――サプライズを狙っているとしたらそうでしょうね。なので伏せ字にします（笑）。

斎藤　武藤の引退試合の相手予想として、ボクがなぜ○○○○に1票なのか。ここでその根拠をいくつか説明してもいいんですけど、そうすると伏せ字にしても誰だかすぐにわかっちゃうんです（笑）。

――じゃあ、そこはオフレコにして、2月上旬発売の次号にその部分だけ掲載しましょう。

鹿島　さすがにその頃には明らかになっているでしょうからね。もし当たっていたら「ここまで先を読んでいたのか！」となるし、ハズれていたら、凄く間抜けな会話になっているという（笑）。

斎藤　じゃあ、ここからはオフレコでその根拠を話すと……（※以降オフレコ）

鹿島　いや～、フミさんの説を聞くと、それ以外にない気がしてきましたね（笑）。

斎藤　いま表に出ている情報だけでもある程度は予想できるんです。武藤さんは「これまで触ったことがない相手とやりたい」という意味のことを言っているじゃないですか。キャリア40年近い武藤と初対決で、なおかつ東京ドームが埋まるくらいのビッグな相手。しかも、リングサイド最前列が50万円でしょ？　それにふさわしい相手って考えると、かなり限られてくる。

鹿島　ファンとしても元日に中邑真輔を呼ぶんだったら、それ以上、もしくは同じくらいのインパクトがある相手を期待しちゃいますよね。

――ボクはこないだ武藤さんにインタビューをして、「元日の武道館が中邑真輔、1・22横浜アリーナのパートナーがスティング、そうなると最後の東京ドームはそれ以上の大物が期待されちゃいますけど」って言ったら、「期待すんなよ」って言われましたね（笑）。

斎藤　期待すんなって？（笑）。

――「畑は限られてるんだからよ」って。引退試合への機運を盛り上げるためのインタビューなのに、話を逸らそうとしているようにも感じたんですよね（笑）。

鹿島　いいですねえ。引退試合に向けてのインタビューなのに、そこには触れてくれるなと（笑）。

斎藤　で、そう言っておきながら武藤さん本人が「長州力の引退試合のとき、誰と闘ったか誰も憶えていないでしょ」って言っていましたよね。

鹿島　長州さんがドームで1回目の引退試合をやったときは、新日本の若手や中堅相手に5人掛けでしたよね。

斎藤　ああいうサプライズのないことはやりたくないんでしょうね。

――武藤さんは「猪木さんの引退も『道』の詩とかセレモニーはよかったけど、試合自体は憶えていない。だから俺は試合自体がみんなの心に残るものにしたい」って言っていたんですよ。

鹿島　それはもう予告じゃないですか（笑）。

――なので、これは1月5日発売の『KA

ＭＩＮＯＧＥ』に掲載されるので、もしかしたら元日の日本武道館ですでに武藤敬司引退試合の相手が発表されているかもしれないですけど、ここでは予想を伏せておきます。そして2月上旬発売の武藤引退試合の直前に出る号で「我々はこう予想していた」っていう答え合わせを載せようと思います。

鹿島　「12月9日の時点ではこんなことを言ってました」っていうのをあえて2月上旬に公開するわけですね。でも、こういう予想だけで楽しめるってひさしぶりですよね。ワクワクしますよ。

斎藤　プロレスって、実際に試合を観るだけじゃなくて、予想して仮説を立てたり、妄想してイマジネーションを広げたりするのもまた楽しい。当日までいろいろ想像したり、ファン同士で話したりするのが凄く心を豊かにしてくれるんだと思います。

――では、プロレス界の初夢に期待しましょう！

斎藤文彦
1962年1月1日生まれ、東京都杉並区出身。プロレスライター、コラムニスト、大学講師。アメリカミネソタ州オーガズバーグ大学教養学部卒、早稲田大学大学院スポーツ科学学術院スポーツ科学研究科修士課程修了、筑波大学大学院人間総合科学研究科体育科学専攻博士後期課程満期。プロレスラーの海外武者修行に憧れ17歳で渡米して1981年より取材活動をスタート。『週刊プロレス』では創刊時から執筆。近著に『プロレス入門』『プロレス入門II』（いずれもビジネス社）、『フミ・サイトーのアメリカン・プロレス講座』（電波社）、『昭和プロレス正史 上下巻』（イースト・プレス）などがある。

プチ鹿島
1970年5月23日生まれ、長野県千曲市出身。お笑い芸人、コラムニスト。大阪芸術大学卒業後、芸人活動を開始。時事ネタと見立てを得意とする芸風で、新聞、雑誌などを多数寄稿する。TBSラジオ『東京ポッド許可局』『荒川強啓 デイ・キャッチ！』出演、テレビ朝日系『サンデーステーション』にレギュラー出演中。著書に『うそ社説』『うそ社説2』（いずれもボイジャー）、『教養としてのプロレス』（双葉文庫）、『芸人式新聞の読み方』（幻冬舎）、『プロレスを見れば世の中がわかる』（宝島社）などがある。本誌でも人気コラム『俺の人生にも、一度くらい幸せなコラムがあってもいい。』を連載中。

HARDCORE
CHOCOLATE

坂本一弘

馬乗りゴリラビルジャーニー（仮）

第29回
鰻

構成：井上崇宏

（さかもと・かずひろ）
1969年3月4日生まれ、大阪府大阪市出身。
修斗プロデューサー/株式会社サステイン代表。

——今月からこのページ、下地を黒からほかの色に変更しようと思っています。

坂本　ほう。それはまたどうして?

——なんかこのページ、文字が読みづらくないですか?（笑）。

坂本　いまさらかいっ!（笑）。えっ、本当にそれが理由で? 誌面刷新とかではなく?

——本当にそれが理由です。まず、校正するときに黒地だと赤入れがしにくいんですよ（笑）。

坂本　編集者は赤入れしづらいし、読者は読みづらい。誰も得をしていなかったってことか。

——坂本さんが現役時代に〝浪速の黒豹〟だなんて呼ばれていたから、その異名に引っ張られて黒地にしていたんですけど。

坂本　じゃあさ、ついでにまだ仮のままになっているタイトルも正式なやつに変えましょうよ。

——いまの仮タイトルってなんでしたっけ?（笑）。

坂本　今日もナメてんなあ。って俺も忘れてるわ（笑）。

——というのは冗談で『馬乗りゴリラビルジャーニー』（仮）ですね（笑）。これはボクは意外と気に入っているので変えたくないです。

坂本　あっそ。

——それはそうと、こないだ坂本さんと黒部三奈選手と3人で鰻を食べに行きましたよね。

坂本　あっ、その話。俺、そのときにもう謝ったと思うんだけど、ここでもう1回謝ったほうがいい?

——できたらお願いします（笑）。

坂本　いいよ。俺はあなたたちにうまい鰻を食べさせてあげようと思って、わざわざみんなのスケジュールをすり合わせながらセッティングをして、当日は鰻屋の前で待ち合わせってことにしていたら、鰻屋は工事改装中でお休みで、その節は大変申し訳ありませんでした。ここでいい?

——バッチリです。いや、ボクはあの日マジで鰻が死ぬほど食いたかったんですよ!（笑）。だから後日、誤ってターザン山本と

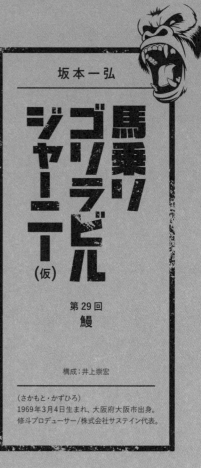

うな重を食いに行っちゃいましたよ。

坂本　あの人、喜んだでしょ？

――「今日、俺は勝利宣言をする！」「俺たちは勝ち組だ！」と叫んでいました（笑）。坂本さん、鰻は仕切り直しでよろしくお願いします。

坂本　了解。

――ところで坂本さんは社会に出て、「俺もここまで来たか」って思った瞬間っていつですか？

坂本　なんだそれ。

――現役のときに修斗の世界王者になった瞬間は別です。

坂本　だからなんだよ、この質問は（笑）。

――ボク、わりと成功者の方のお話はなんでも聞きたいタイプでして（笑）。

坂本　いちいちナメてんなあ。「俺もここまで来たか」と思った瞬間？　まあ、そういうことで言ったら、俺がいちばん手応えを感じたのは、吉本興業の社長と名刺交換をしたときかな。あのときは「俺はここまで来たか」って思いましたよ、たしかに（笑）。

――えっ、岡本社長ですか？

坂本　いやいや、もっと前ですよ。林（裕章）社長です。あのときはたしか32、33歳だったから「俺もここまで来たか」って思ったし、唯一そのときだけですかね。吉本興業の東京本社がまだ赤坂にあったときで、そこで名刺交換をさせていただいたんですけど。

――「俺もここまで来たか」と思ったのはそのときだけ。

坂本　だってこっちは子どもの頃から吉本新喜劇や漫才を全部観てきているわけですよ。そんなの大阪のコからしたら、えらいことですよ。

――それはボクみたいな岡山のコからしたら、木下大サーカスの社長さんと会えたようなものなのかな？

坂本　まったくたとえがピンと来ないですね。

――それはどういうご縁で会えたんですか？

坂本　これはね、スカパー！の大月さんっているじゃないですか。

――格闘技の中継なんかを担当していて、この業界の人間は足を向けて寝られない大月さん。

坂本　あるとき大月さんが「坂本さん、吉本に行きますけど一緒にどうですか？」みたいな感じで誘ってくれて、「あっ、いいっスね！」って軽い感じでついて行ったんですよ。そうしたらなぜか知らないけど吉本の社員の方たちが「社長のところに行きましょう」って言ってくれて、たぶん名刺交換をするくらいは紙代を消費するだけだからしてくれたんでしょうね。そのときは手応えを感じたなあ。「ついに俺もここまで来たな！」と（笑）。

――以上？

坂本　以上。べつにそのあとお食事をご一緒させていただいたとかもなく。だってそれで十分ですよ。子どもの頃から観ていて「ああ、おもしろいな」って思っていた人たちの、その頂点にいる人なわけじゃないですか。そんな人と会えるっていうね。

――いいエピソードですね。吉本つながりで言うと、何年か前に三又又三から「今度、新日を観に行きたいから、井上さん、お金は払うんでチケットを2枚手配してくれない？」って頼まれたことがあったんですよ。

坂本　三又又三から？　あの人って吉本じゃないじゃないですか。

——とりあえず聞いてください。それでボクは「わかりました」と答えてチケットを2枚手配したんですよ。で、「じゃあ当日、俺も取材で行ってるので会場の入り口で待ち合わせしましょう」と。そして当日、そこに現れたのが三又又三と松本人志さん。

坂本　ああ、それはうれしいな。まだ三又又三が松本さんに絶縁される前の話ですね？（笑）。

——そうなんです（笑）。

坂本　でも松本さんってプロレスを観るんですか？

——松本さんが普段観ていないものということで、三又又三がプレゼンしたらしいんですよ。「ぜひ松本さんにプロレスを観てほしいです」と言って、その誘いに松本さんが乗ったという。

坂本　なるほどね。

——それで三又又三が……あれ？　この話って、もしかしてもう『KAMINOGE』で話したかもしれないな……（笑）。

坂本　いや、俺は初めて聞くんだからいいんですよ（笑）。続けてください。

——それで三又又三が「ああ、井上さん、井上さん。こっちだ」って声をかけてきて、その声がいつも違うちょっとよそゆきの声なんですよ。たぶん松本さんの前だからイキってる感じで（笑）。まあ、それでチケットを渡したら、またよそゆきの声で「おう、ありがとう」みたいな。そうしたら次に三又又三は「なんだ、松本さんに紹介してほしいのか？」っていうよそゆきの目で合図をしてきたんですよ（笑）。

坂本　声はまだしも、「よそゆきの目」っていうのはよくわかんないけど。それでそれで？

——正直、ボクはそのよそゆきの目にちょっとムッとしてしまいまして、「そんなの、べつに頼んでねぇよ」っていうよそゆきの目でリアクションをしたんですよ。

坂本　よそゆきの目には、よそゆきの目で。

——そうしたら、よそゆきだった三又又三がボクのよそゆきの目にはちょっとひるんだように見えたんですよ。そうしたら案の定「あっ、松本さん、紹介させてください」と切り出して。

坂本　おー。

——「こちら、甲本ヒロトさんの弟子の井上さんです」って……（笑）。

坂本　えっ、なんだそれ（笑）。えっ、本当に三又又三がそう言ったんですか？

——三又又三はそう言いやがったんですよ。

坂本　あのね、それは誤解を招くし、本当にそうではないし、そんな紹介の仕方はやめてほしいですよねえ（笑）。

——そうなんですよ。それで松本さんが小さな声で「弟子ってなんやねん……」ってつぶやいて、そのまま会場の中に入っていかれました（笑）。

坂本　そりゃそうでしょうね。ハズしてるじゃないですか（笑）。

——もう、あのときは三又又三を恨みましたね（笑）。

坂本　巻き込み事故みたいなものですよね。それ、井上さんがスベったみたいになってるし（笑）。

——「弟子のなんとか」って言われた時点

でボクって超弱いヤツじゃないですか。甲本ヒロトさんに弟子なんているわけないし、「ああ、なんか三又まわりのイタいヤツか」っていう認識をされてしまいましたね（笑）。

坂本 それは災難でしたね。やっぱり友達って選ばなきゃダメですよ。で、それが井上さんの「俺もここまで来たか」っていうエピソード？

――絶対違うでしょ（笑）。

坂本 そうでしょうねえ。あっ、じゃあ俺からも質問していいですか？ よくライターの人たちがへんてこりんな記事を書いてたりするじゃないですか。それはこの業界内に限った話ではなく。

――はい。へんてこりんなことを書いてたりしていますね。

坂本 たとえばゴシップ系のウェブメディアとか週刊誌とか。ああいう他人のプライバシーを侵害するような仕事って何がおもしろいのかなって思うんですけど、あれは書いてておもしろいんですか？

――なるほど。前に『KAMINOGE』で、おぼん・こぼん師匠のインタビューをやったじゃないですか？ あれは長年不仲だったおふたりが『水曜日のダウンタウン』によって感動の仲直りをした直後だったんですけど。その収録が終わったあとに浅草の東洋館の舞台も取材させてもらって、もろもろ終わって師匠たちと一緒に外に出たんですけど、その瞬間ですよ。いきなり師匠にカメラのフラッシュがパシャパシャと焚かれまして。もう挨拶も何もなく。

坂本 あー。まさにそれ。俺が聞きたかったことは。

――それでカメラマンと記者の人がいたんですけど、「おふたりの関係はその後いかがでしょうか？」みたいなことを聞き始めたんですよ。その光景をボクと一緒に見ていたカメラマンのタイコウさんは「あー、あれは俺には無理だ。とてもじゃないけど人物に対してあんな撮り方はできない」って言っていましたね。それがひとつの答えではあるのかなあと。

坂本 だよね。そういうメディアって需要があるんだろうから、外野からとやかく言うことじゃないとは思うんだけど、感覚的に「それが本当にやりたかった仕事なの？」って思うんですよね。そりゃ世の中の人で本当に自分がやりたいことをやって、しかもそれで食えている人なんか一握りだから仕方がないとは思うんですよ。でもライターにしても写真家にしても「こんなことをやるためにやってきたのかな」っていう思いはどこかにあるような気がするんですよね。だって、それは俺らもそうだから。格闘技をずっとやってきて「俺はこんなことのためにがんばってきたのかな」とか思うことはありますよ。

――坂本さんもありますか？

坂本 ふとね。それはもう当然あるんだけど、その都度どっかで「ああ、このままだとダメだね」って軌道修正するんですよね。でも、ああいう仕事をしている人たちって「俺はこれを人から頼まれたからやってるだけだ。需要もあるから俺は悪くない」っていう変な自己肯定感があるような気がしてね。まあ、2023年もまっとうな自己肯定感が得られるような仕事をしようと思ってるって話なんですけどね。

破天荒な芸風は生まれ持ったものなのか!?
業界注目度ナンバーワンの漫才師登場!!

収録日:2022年12月3日
撮影:保高幸子
聞き手:大井洋一
構成:井上崇宏

おもしろい人はなぜおもしろいのかを
調査する好評連載・第25回

小林圭輔&友保隼平

金属バット

「よう言われるんですけど『どうだ、ヤバいだろ?』みたいなのはほんまにないんっスよ。俺らはそんなんちゃいますねんと。これは生きてきたものです。もともとこういうヤツなんスよ。ラクしてカネを稼ぎたいんで芸人になっただけなんスわ」

M-1ラストイヤーの準々決勝で敗退し、ワイルドカードで敗者復活したものの、惜しくも準決勝で落ちてしまった金属バット。

ずっと各所で「金属バットおもしろいよね」という話になっているんですけど、じゃあどういう出方がいちばんおもしろいのか、いまだに見えずにいて。

なんか制作者として試されている気がするんです。なのでずっとボクの頭の中には金属バットがいて。

今回、このインタビューを通して何かヒントをもらおうと思ったんですけど、やっぱりというか案の定というか、まったくヒントをくれませんでした。

とにかくヒロトが表紙の号で金属バットにインタビューっていい組み合わせです！（大井）

「適当なウソをついてカネを稼ごうかと思ったんですけど、思ってたよりもダルかったな。でもバイトよりはラク」（友保）

――ボクは基本的にずっと東京でテレビをやってきた作家なんですけど、いまさらなんですが、金属バットがおもしろいと評判でして。

友保　あっ、ほんまですか？

小林　ありがとうございます。

――ただ、テレビにはどういう出方をしてもらったらいいのかなって。

友保　あー、いいっスよ。そんな無理しなくても。

――いや、「金属バットと一緒に何かやりたいな」という欲求は、たぶんテレビマン全員にあると思うんですよ。だけどおふたりの気持ちがわからないっていう状況で。

友保　まあ、テレビもなんかありゃねえ。

――やっぱりテレビよりも寄席でいきたいという気持ちのほうが強いですか？

友保　なんかうまいことバチッというのがありゃ呼んでくれはって、なかったらまたあるときに呼んでくれはったら。ワシら、ずっといてるんで（笑）。

――「どんなもんを持ってくるんだ」と試されているのかなという気もするんです。

小林　俺らをテレビに出すためではなく、なんかピッタリのがあったらでいいんで。

――やっぱりそんな感じなんですね。拠点はいまも大阪ですよね？

友保　大阪ですね。まあ、できるだけ大阪がええかねえ。東京は坂が多いんっスよ。ほんまに。

――坂道がつらいですか？

友保　つらいッス。チャリで移動できないんで。やっぱ大阪のほうが街が狭いんで、最悪どこでも歩いて帰れるんでラクッスね。
小林　住みやすいですね。
――2022年はM−1がラストイヤーでしたけど。
友保　終わっちゃいましたね。まあ、準々決勝の動画は自分らも観たんですけど、つまんなかったですよ。ほんまに。あれはおもしろくねえと思いましたよ。
――いや、そんなことはないと思いましたけど、やっぱりコンテストって意識するんですか？
小林　しますねえ。
友保　俺らM−1くらいしか出られへんしな。
――コンテストって人に採点される場ですけど、そこの評価は気になりますか？
友保　いや、ちゃいますねん。あれに出らんと俺らは単価が上がらないんッスよ。よしもとはケチやから。「決勝に上がれば1000円上がる」って聞いたんで。ほんまに（笑）。
――自分たちのギャラの単価を上げるためにコンテストに出ると（笑）。
友保　そうです。ラクしてカネを稼ぎたいんで。
――ラクしてカネを稼ぎたいわりには、ラクじゃない道を選んでいますよね。
友保　いやねえ、ほんまにそうなんスよ。芸人って全然ラクな商売じゃなかったんですよ。
――おもしろいおしゃべりをして、アハハオホホでいけるつもりだったのが。
友保　適当なウソをついてカネを稼ごうかと思ったんですけど、なんか思ってたよりもダルかったな？
小林　まあでも、ほかの仕事よりはラクな気はするな。
友保　絶対そうやな。マジで。バイトよりラクよな。
小林　うん。芸人って労働時間が短すぎるんで。10分とか全然あるんで。

「言うたらあかんことが多いことにほんまに気づいてなかったっスね。『それもあかんのや？』って」（小林）

――でも、その10分のネタを作るまでの過程があるじゃないですか。
小林　べつに1回こっきりじゃないんで（笑）。1個できてしまえば、あとは薄めて長い時間稼げるんで（笑）。凄いラクではありますね。
友保　無限に使いまわすよな（笑）。ほんまにバイトはクソッスからね。
――バイトの現場で能力を求められるのが嫌？

友保　「見たらわかるやろ」っちゅう。そんなもん、ちゃんとするわけないのに。「何を怒ってんねん？」って。よしもとは怒られへんよな？

小林　よしもとは怒らないな。

――でも、そこでも言うことを聞くタイプではないですよね？

友保　いや、それはもう会社の指示通りに。操り人形ですよ、俺たちは（笑）。

――ボク、金属バットのマネージャーの車谷（尚彦）さんとはずっと前から面識があるんですけど。

友保　ああ、はい。めっちゃ強い。

――はい。もともと総合格闘技をやっていた車谷さん。その車谷さんに「金属バットの取材はどうなりそうですかね？」って聞いたら、「ちょっと連絡がつかないんで、しばらく待ってもらってもいいですか」って言われて（笑）。

友保　そんなバカな！（笑）。たぶん、そのときは飲んでたんじゃないですかね。飲んでたら携帯を触らんから。

小林　きっと飲んでましたわ（笑）。

――マネージャーと連絡がつきづらい部分もあるってことですね。M－1ラストイヤーが終わって、次にどうやって単価を上げていこうかっていうプランはあるんですか？

友保　そうなんですよ。なにしようかなと思って。

小林　単価を上げる術はあるんかな？（笑）。

友保　なあ。腹にダイナマイト巻いてNGKまで行ってくるか。「1000円上げろよ！」って。ぐらいしかパッと思いつかんな。いまは。

小林　ゼロになるんちゃうん（笑）。まあ、1000円くらい上げるだけで命が救われるなら上げるか。じゃあ、ダイナマイトっスかね。

——「ダイナマイトっスかね」（笑）。単価を上げることが目的とはいえ、おふたりがM－1を意識していたことは意外ですね。あまり気にしていない生き方なのかなと思っていたから。

友保　あんなもん、みんな気にしてまっせ。M－1は（笑）。

小林　でもけっこう落ちるからなあ（笑）。

友保　難儀なもんよ。

——内容的なことで言うと、「合わせにいく」という作業はあったんですか？

友保　いやまあ、そうっスね。言うたらあかんことが多いんで。世知辛いんですよ。「土方」とかダメですもんね。俺、めっちゃ怒られたんっスよ。

小林　ほかにもあるけど、ほんまに気づいてなかったっスね。「それもあかんのや？」って。

友保　でも寄席でウケるんっスよ。寄席でジジイ、ババアが笑うんですよ。

——じゃあラストに向けて「あれを言ったらダメだよな」と

かって、ちょっとナイーブに調整していったんですか？

友保　そうスね。言葉はだいぶ削ってるね。しゃあないですからね。そういう時代やからなあ。

——そういう時代をどう受け止めてるんですか？　単価を上げよう、メジャーになろうと思うと、もうちょっと角を取らないといけないかもしれない。そこのジレンマがあるんじゃないかなって思うんですけど。

小林　まあでも、それは誰でもあると思うんですけどね。俺ら以外も。まあ、そこまで無理してもなあ。まあ、ぼちぼちで単価が上がればラッキーやなっていう。

——いまってテレビでネタをやろうと思うと「台本を出してくれ」とか言われるじゃないですか。

小林　そうなんっスよ。めっちゃ返されるんっスよ（笑）。

友保　返されるなあ（笑）。

——最近は何を返されたんですか？

小林　5つくらい出して、「いちばんあかんやろ」っていうのが残りましたね。意味がわからん（笑）。

友保　「あっ、これはいいんや」っていう。

——「どういう基準で選んでるんだ？」っていう。

友保　そうっスね。あれ、ようわからんよな？　何がええんやら。

小林　うん。わからん。

「みんな朝から大喜利とかやってるんでしょ。俺が眠ってる時間に信じられへん。めちゃめちゃ偉いわ」（友保）

——向こうのいい悪いもあまりピンときていないんですね。

小林　それで局によっても違うでしょ。わからんっスよ。基準。

友保　うん。ぽろって言うてまうしな。

——そこでやっぱり怒られます？

友保　怒られるんですよ。中指立てて1回めっちゃ怒られましたよ。最悪っスよ。

——いやまあ、「でしょうね」って感じですけど（笑）。

友保　コーナー中にバチンと立てたらカメラが抜いて、NGKのうしろのデカスクリーンに俺の中指が映っちゃって。それで後日めちゃめちゃやさしい社員のおばちゃんとなんか怖い人が来て、そのおばちゃんが「世の中には立てたらあかん指があるのよ」っていうのをコンコンと言われて。勉強ですよ。

小林　日々勉強ですよ（笑）。

——世の中に対して「俺らはこんな危ないこともやっちゃうぞ！」っていう気持ちでやっているわけじゃないですよね？

小林　いや、そんなのはないっスけどね。

友保　あー、よう言われるんですよ、それ。「どうだ、ヤバいだろ？」みたいなね。言われるんですけど、ちゃいますねんと。もう生きてきたものです。こういうヤツなんスよ、俺らは（笑）。

——そこを踏まえて使っていただきたいと。

友保　まあ、それで無理ならばべつに（笑）。

——お互いにそんな無理しなくてもと。

友保　ええ。お互いに食えてるんで（笑）。

——ほかの芸人さんを見ていてどう思いますか？

友保　まあ、うまいことやってるな、偉いなっていうのは。

小林　「ちくしょー」もないし。「器用だなあ」って感じですかね。

友保　賢いな。みんなうまいことやってるわ。偉いわ、あれ。ほんまに。みんな朝から大喜利とかやってるんでしょ。『ラヴィット』とか。俺、観れないですよ。あれ。早すぎて。

——あの時間に起きて。

友保　俺が眠ってる時間に移動して、化粧をして、大喜利をやってるんですよ。信じられへん。めちゃめちゃ偉いわ。ほんまに。

——じゃあ、そういうオファーが来ても「ちょっとしんどいな……」っていうのが勝っちゃうんですか？

友保　そうっスね。勘弁してほしいっスね（笑）。

——やっぱり根本は、飲んで、昼まで寝て、ふらっと劇場に行っておもしろいことを言ってお金をもらうっていうので芸人になったはずなのに、「朝8時集合です」みたいなロケはその対極というか。

友保　ちゃんとアラームかけてね。

——早起きして待ち合わせ場所に来て。

友保　いちおう段取りを聞いて「ああ、そうか。こんなことせえって言うてんねんな」と思って。で、「なんでこんなことせなあかんねん……」って（笑）。まあでも「朝早いのは嫌やな」ぐらいですね。行きゃおもしろいもんね。（小林に向かって）おまえ、毒の実を食って吐いたりしてたもんな。あれ、おもしろかったもんな。山に行って（笑）。

——毒の実を食って吐くのはテレビでオッケーだったわけですね（笑）。

小林　オッケーっていうかだまされた側なんで（笑）。

友保　なんかえらい野生の先生が来はって、「この赤い実、綺麗でしょ」って言われたんで「ああ、綺麗っスね」って言ったら、「ちょっと口に入れてみなよ」みたいになって、小林が口の中にガリッと入れたら「それ、毒だからね」って。アイツ（笑）。

小林　アイツ、なんらかの罪に問えたと思うんっスよ。

友保　めちゃめちゃおもろかったな。あれ（笑）。

——それはまともな番組じゃないですね（笑）。

友保　『相席食堂』ですよ（笑）。

「クイズ番組はなんか厳しいって聞きますね。『じゃあ、呼ぶなよ』っていう（笑）。あれは無理やなあ」（小林）

――あっ、そうなんですか（笑）。たとえばコストコに行って買い物しますよ、みたいなロケでもウェルカムですか？

友保　もう全然行けますよ。コストコなんか買い物したいっしょ。あんなとこ。

小林　でも会員カードを持ってないんでね。

――それはロケだから大丈夫ですよ（笑）。

友保　ちゃんとやんねん、そんなもんは。テレビのパワーや。

――商店街ロケとかも全然ウェルカムですか？

小林　うーん、どうでしょう（笑）。

――自分たちはやるけど、合うかどうかはそっちで選んでねって感じですか？

友保　まあ、そうっスね。呼ばれりゃ、まあ行きますけど「知りまへんで」っていう（笑）。

――そっちの趣旨通りかは知らないってことですね（笑）。

友保　そんなおもろいことは言わんかもねっていう（笑）。

――「おもしろくしたい！」っていう気持ちはあるんですか？

友保　いや、それはね。せっかくやから。

――ただ、自分たちのおもしろさと向こうが求めているおもしろさが合っているかどうかはわかりませんよと。

友保　ある程度はしますけど（笑）。でもまあ、ようせんもんな。

――クイズ番組とかどうですか？

小林　あー。クイズ番組はなんか厳しいって聞きますね。

友保　そうやな。ランジャ（ランジャタイ）の国ちゃん（国崎和也）も言うてましたわ。「ちょけられへん」って。

――ちょけたら変な空気になるっていう。

友保　そう。怒られるって（笑）。

小林　「じゃあ、呼ぶなよ」っていう（笑）。

友保　そうやな（笑）。まあ、カズさん（カズレーザー）はマジでうまいことしたもんな。おもろいし。やっぱ達者やねん。

――やっぱり「うまいな」って感じですか？

友保　いやあ、達者ですね。ちゃんとおもろいし。ええよな、あれ。ようせんわ、あんな賢いの。俺ら高卒やからな（笑）。

――クイズで外れて「ああ、悔しい～！」みたいな技術は身につけていない感じですね。

友保　そうっスね。悔しくないっスもんね。クイズ外れたかて（笑）。いや、バレますからね、俺らは。「うわっ、ちきしょー！」って言うても「んなわけないやろ！」と（笑）。

――半笑いが出ちゃってますもんね（笑）。

友保　そして歯が出てるんで、いっつも笑ってるみたいなんですよ（笑）。

小林　あれは無理やなあ。

――もうちょっとリサーチさせてください。あれはやりたいなとか、こういうのがやりたいとかっていうのは？

友保　まあ、ネタ番組とかにちょろっと出してもらえりゃ、ラッキーくらいですかね。

――でもネタ番組に出ると削られますよ。

友保　まあまあ。ガリッといかれますけど。まあ、あれはもう宣伝ですからね。「出てまっせ！」の。

――なるほど。そこで顔を売って単価を上げて。

友保　「安心してください。こんなんですけど、テレビの人ですよ」っていう（笑）。

「まあ、もともとこんなもんですわ。だいたい大阪府の堺市で36歳のヤツを集めたら、だいたいこんなんですよ」（友保）

――テレビはプロモーションの一環ですね。

友保　それとたまにおごってもらえるんっスよ。飲み屋で。

――顔を知られると。

友保　「観たで！」みたいなって。一度だけ完全に俺、トム・ブラウンと間違われてるんですよ。ただ、おごってもらえたんで（笑）。

――おもしろいと思う人っているんですか？

友保　まあ、いっぱいいますけどね。今日の舞台に出てた人（ななまがり、タモンズ、コウテイ、コマンダンテ）なんか全員っスよ。インディーズもみんなおもしろいし。いまっておもろい人が多いんっスよ。ねえ、えらいこっちゃで。みんなおもろなって。クソがあまりいないっスね。

――たとえばほかが売れてきて、「ヤバいな……」っていう気持ちはあるんですか？

小林　「ヤバいな」はないっスけどね。

友保　いやまあ、「ええな！」「いったねえ！」ってのは。

――そもそも、おふたりは高校の同級生ということですけど。

友保　はい。そういう設定でやってますね（笑）。

――なんで、このまったく同じトーンのふたりが出会ったんですかね？　さっきからお話を聞いていて、ひとつの質問に対しておふたりが同じタイミングで「はい？」っていう目をされるんですね。

友保　うーわ。じゃあ、ソウルメイトですね。

――それは付き合っているうちにバチッと？

友保　いや、たぶんソウルメイトです。

小林　ソル友。

――ソル友？（笑）。

友保　まあ、こんなもんですわ。だいたい大阪府の堺市で36歳のヤツを集めたら、だいたいこんなんですよ。

――堺市のトーンですか。幼少期の笑いの源はダウンタウンさんですか？

友保　ああ、ダウンタウンさんは観てやったね？

小林　うん。まあ、いちばん観てたのは新喜劇ですけどね。これは大阪の人はみんなそうやと思うんスけど。

友保　新喜劇な。あとは『クレヨンしんちゃん』とかな。『バカ殿』とか。

小林　あっ、『バカ殿』は親が観せてくれへんかって。

友保　そんな親厳しいんか（笑）。

小林　ダウンタウンもちょっと怪しかったけどな。観てたら親が不機嫌ではあった。

友保　ダウンタウンがいけて、『バカ殿』がいかれへんっていう意味がわからんけどな。

小林　そうやんな。でも、やっぱ裸が出るからちゃう？　志村けんのほうは。

友保　そうか。乳が出るからか。

――下ネタに対しての規制ですね。

小林　ダウンタウンはギリギリ。でも気まずい雰囲気ではありましたけどね。

――親もあまりおもしろい顔はしていない？

小林　おもしろい顔はしてないっスね。親のおもしろい顔は見たことがないかもしれんなあ。

友保　不幸な家庭やで（笑）。

小林　親がゲラゲラ笑ってるのを見たことがない気がするな（笑）。

友保　むちゃくちゃ不幸な家庭や。

――それでお笑いを始めた当初から同じペースですか？

小林　うーん、同じペースなんですかね？

友保　どうなんやろうな。気ぃついたらこうなってましたね。長いことインディーズをウロウロして。

――インディーズをウロウロして、たまにメジャーに出て（笑）。

友保　ねえ。気ぃついたら食えるようになって。

「NSCはほんまは入らんでよかったの知らんかったよな。『入らんでもいいですよ』って書いてないですもんね」（小林）

――食えるようになったのはわりと早かったですか？

友保 むっちゃ遅かったっスよ。俺ら。

小林 最近ですね。

友保 10年以上食えてなかったよな？

小林 うん。

――やっと食えるようになって、普通ならそこからさらにもうひとつっていう感じになるのかなと思ったんですけど、食えるようになったことで好きなことができるって感じですか？

友保 まあ、そうっスね。食えてるんで（笑）。

――最初、お互いに「コンビを組んでいこう」と思うわけですよね。でも、このお笑いで勝負するのに相方選びってけっこう大事な作業じゃないですか。

友保 そうっスね。これ（小林）が呼んでくれたんですよ。俺が地元でいちばんヒマやったんすよ（笑）。なんにもしなかって。

小林 学生時代からヒマでしたね、コイツだけは。みんなバイトしてるのに。

友保 そのバイトのカネで俺はメシを食わせてもろうてて。

――人が働いたバイト代で（笑）。

友保 で、「将来ジャガー買うたるから」って変なウソをついて（笑）。

――そんなヒマな友保さんを小林さんが誘ったんですか？

小林 ほかがいなかったっスけどね。ヒマな人。

友保 そう。みんな働いてたもんな。

――それでふたりでNSCに入るんですね。そこでお金がいるじゃないですか。

友保 そうなんスよ。だまされましたわ。カネがいるんっスよ。

小林 あれ、入らんでよかったよな（笑）。

友保 そうやねん！

小林 知らないもんな。

友保 知らんかってん。お笑いの文化。

小林 「入らんでもいいですよ」って書いてないですもんね。

友保 あれ、ちゃんと詐欺っスけどね。

――NSCを経由しないとよしもとには入れないと思っていたんですか？

小林 そうなんですよ。いまはそうなってるらしいんですけど。

友保 昔はなかったもんな。マジで無駄金だったな、あれ。

――たしか40万とかですよね？

友保 40万でした。

小林　マジでもったいなかった、あれ。いま50万らしいっスよ。
友保　上がっとんねんな。むっちゃ取るやん。クソが。

「NSCは朝はよから発声練習とかダンスとかあるんですよ。いや、朝まで飲んでるからそんなんしたないねん」（友保）

――「クソが」（笑）。NSCに入るってなったとき、親はなんて言うんですか？
小林　「ああ、そうか」くらいの感じでしたけどね（笑）。反対もせず。もちろん、よろこびもせず。
友保　感情がないやん。
小林　生きるのに必死みたいな感じでしたね。
友保　平成の話やで（笑）。そんなん、昭和ひと桁台やろ。
小林　必死やったんちゃうかな（笑）。
友保　食わせていかなあかんし。
小林　なんなら俺のほうが稼いでたからな。
友保　あっ、そうやわ。
小林　高校生のバイトよりも稼いでなかったもん。
友保　オカンな。
小林　たぶん、がんばってたんですよね。
――じゃあ、NSCに入るお金も自分で？
小林　そうっスね。あっ、最終で間に合わんってなって、おまえにカネ借りた記憶があるな。
友保　ワシ、カネなんか貸されへんよ。ないんやから。ウソやろ。
小林　えーっ？
友保　5000円くらいちゃう？　貸したの。
小林　2、3万借りたと思う。
友保　いや、俺はそんな大金持ってないもん。そんなカネ持ってるわけないやろ。
小林　ウソ？　俺、最後に借りた気がすんねん。たぶんあれは入学式のときに払うんかな。いつ払ったんかな？
友保　振り込みよ。あれ。
小林　その振り込みの期限より俺の給料日がちょっとあとやって、そこで「ちょっと足らんぞ」みたいになって借りた記憶があんねん。
友保　俺、そんなカネないっちゅうねん。持ってるわけないやろ。俺、どん兵衛を2日で食ってたんやで（笑）。
――一杯のどん兵衛を2日に分けて？（笑）。
友保　カネないから（笑）。
小林　あれ？　でも俺は誰かに借りたぞ。おまえに借りんかったっけ？
友保　ワシやないやろ。よそのやっちゃろ。そうやで。そんな銭っこあるわけないやろ。
――とにかくギリギリの生活だったんですね。それでちゃんとNSCの授業は行ったんですか？
友保　ある程度は行ってました。
小林　9万円分くらいは行きましたね。
友保　あれも朝早いんっスよ（笑）。朝はよから発声練習とかダンスとかあるんですよ。いや、朝まで飲んでるからそんなんしたないねん。なあ？
小林　なんなら朝から飲んでるときもあるし。
友保　そうよ。なんでそんなもん行かなあかんねん。
小林　無駄でしたね、あれは。

「なんか1分ネタにと思ってスーパーでカニを買ってくるみたいな。それは試行錯誤というかその場しのぎですよ」（小林）

――ほかも同期でいるわけじゃないですか。「こういうレベルなんや」とかっていうのを最初に入ったときに感じるわけですか？
小林　うーん……。
――最初からあんなスタイルですか？　あんなっていう言い方も失礼ですけど（笑）。
小林　失礼だね！
――いやいや、すいません（笑）。
小林　気分が悪い！（笑）。
――当初から唯一無二のスタイルで？
友保　そんなゴリゴリしてなかったっスね。
――「こういうふうにしてみようかなと思う」とかって試したりしたんですか？
友保　ああ、でもいろいろやりましたよ。妙なことは。なんかカニを持って行ったりとか。妙なことをしたよな？
小林　そうやね。スーパーでカニを見つけたから（笑）。
友保　カニを捕まえて。妙なことしたな。ほんまに。
小林　いろいろやってましたね。
――試行錯誤があったんですね。
友保　そうっスね（笑）。
小林　試行錯誤というかその場しのぎですよ（笑）。
友保　まあ、そうやな。
――何もないからとりあえず具材だけ持って行って（笑）。
小林　「今日はなんか1分ネタがいるぞ」みたいな。それで買い物に行ってみたいな感じですね。
――そこから劇場に出れるか出れないかって感じになるんですよね？
友保　オーディション受けてましたよ。

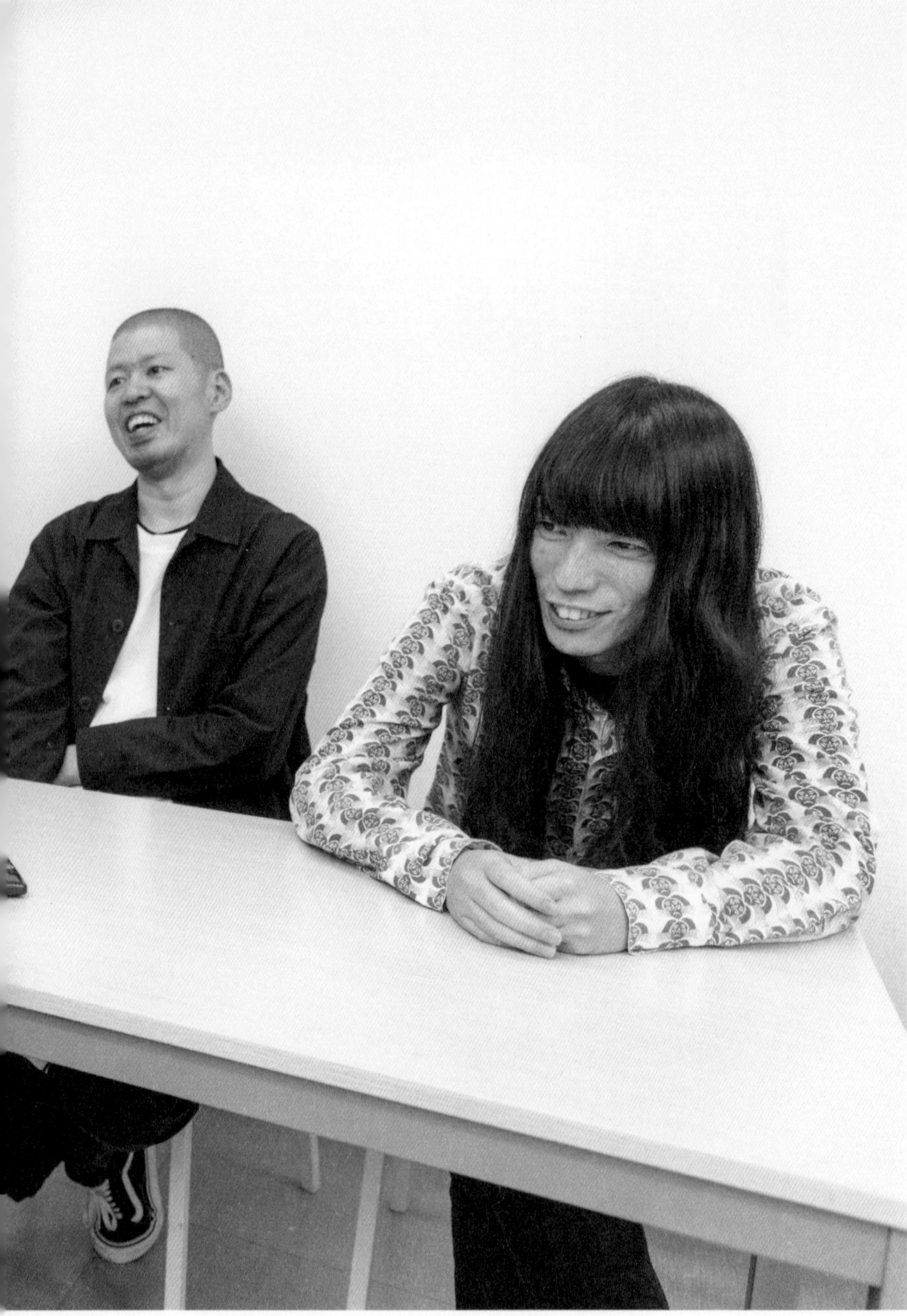

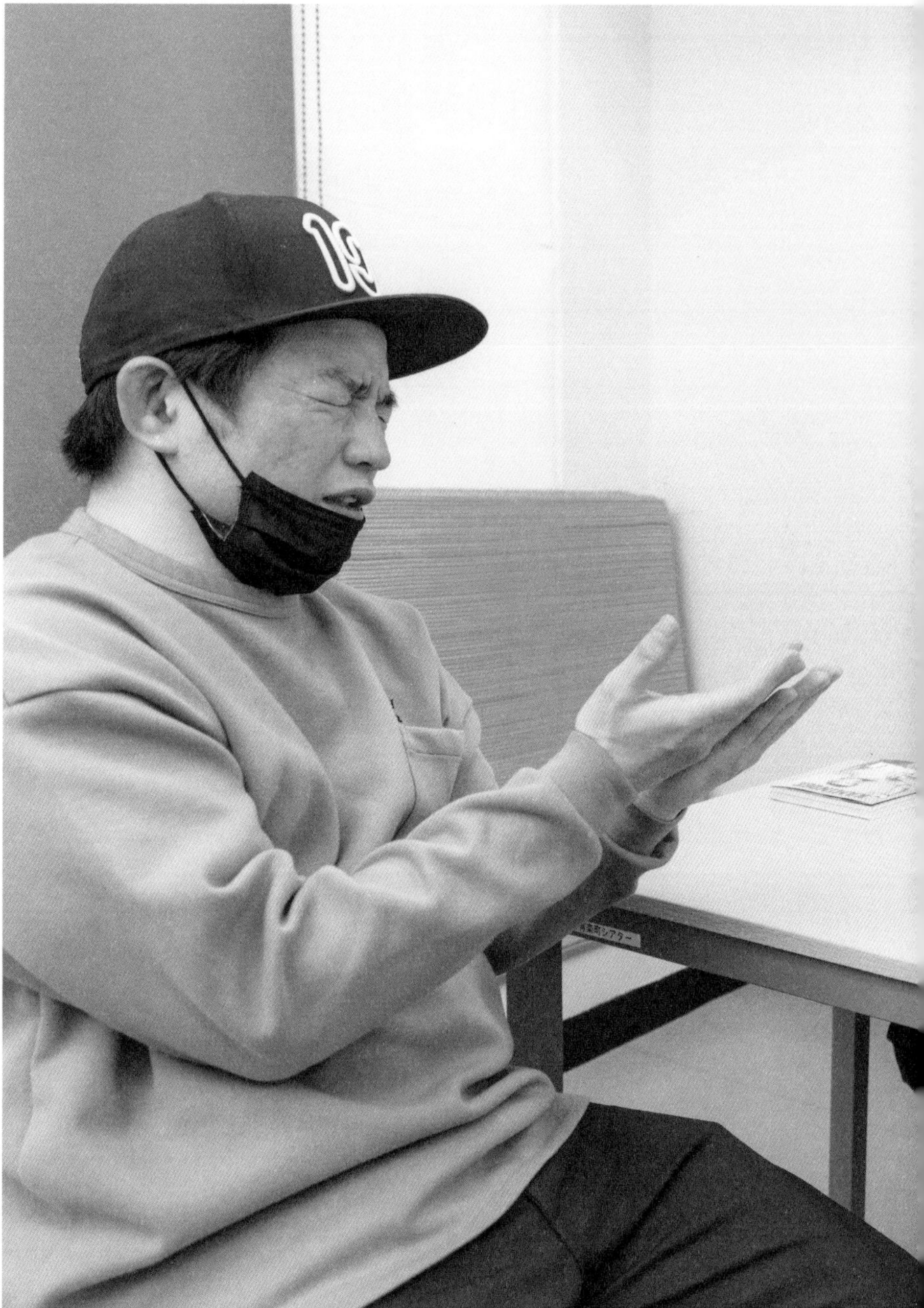

――どういう気持ちで受けてるんですか？　「受かりたいな」って気持ちはあるんですか？

友保　それはもちろん。

――ボクもネタ見せとかたまに行くんですけど、人のネタを観て凄く困るんですよね。ボクの持論は、芸人さんのネタを観て、ボクの思ったことを言って、それをそのままやる人はたぶんおもしろくない人なんだろうなって思うんですよ。

友保　まあまあ、それはね。

――「うるせえな……」って言って、なんか違うことをやって、もっとおもしろくあってほしいなっていうか。

友保　それはそうですよね。

――形式上意見は言いますけど、「言うことを聞かなくて本当にいいですからね」ってネタ見せを観ていて感じるんですけど、金属バット的にはどう思ってネタ見せをやってるんですか？

友保　オーディションとかですよね？

小林　ウケりゃって感じですけどね。作家さんに向けてではないですけど。

――「伝わらんかったな」って感じですか？

友保　「クソが！」って思ってましたよ。「眠たいやっちゃで！」って（笑）。

――「落としやがって！」と（笑）。

友保　まあ、あとでそのネタを観たら全然おもろないんですけどね（笑）。

「そこまで価値観は一緒やないとは思うんですけど、『全然おもろないな！』とか言ってもケンカにはならんですな」（友保）

――でもネタ見せでのアドバイスはべつに求めていないですよね？

友保　ただ、求めてるヤツもいますもんね。並んで聞きに行ったりとかして。だから俺らも行ってたんっスよ。並んで聞かなあかん空気があって、「まあ、しゃあないから行くか」みたいな。ずっと眠たいこと言われてたな？

小林　あれ、並ばな怒られるときがあったよな。

友保　そうやったよな。怒られたらよかったたな。

――並ばなきゃ怒られるっていうのは、聞きに行かないと「やる気がないのか？」っていう評価をされるって感じですか？

友保　なんかねえ。俺ら1回並んで行って、「どうでした？」みたいなん聞いたら、「キミら、キャラが薄いわ」って言われて「おまえ、言うたな！」と思って。それで俺はもうカッとなって、「わかりました。次のオーディションで右手を斬ってきますわ」って言って、むっちゃスベったんですよ（笑）。

小林　誰も笑わんかったな。恥ずかしい（笑）。

友保　あの野郎（笑）。

小林　○○さんや。あれ。

友保　いや、名前言わんでええ（笑）。

――お金をもっと稼ぎたいとかはないんですか？

友保　まあ、いまはいい具合に。ずっと貧乏してたからカネの使い方があんまわかんないっスね。

小林　そんなに忙しいよりはいまのほうが。

――守りたい基準はどこですか？　朝から晩まで働くのは勘弁してくれって感じです？

小林　週1で休みはほしいですね。

友保　ああ、しゃあな。最低でも。

――朝はいけますか？

小林　俺はいけますよ。ただ、じゃあ夕方には終わってほしいっていう（笑）。

友保　そう。コイツ、朝いけるんですけど、夕方に眠なるんすよ。

――早番なんですね（笑）。

友保　ごっつ早番やねん（笑）。

小林　お昼食ったら眠なるんですよね。

友保　生きてるもんな。生き物やから。

――そのほうが健全ですね。ずっと働いているほうがおかしいですもんね。ふたりの中でネタとかで言い合いとかあるんですか？

小林　それはそんなないっスね。

――ずっと価値観は一緒というか。

友保　そこまで一緒やないとは思うんですけど。

小林　一緒でもない気もするんですけど。

友保　そない言い合うほど……。「おい！　おもんないぞ！」とかは言いますけど。

――そこまで言うんですか（笑）。

友保　はい。「全然おもろないな！」とは言いますけど、ケンカにはならんですな。

「べつに大声とか出しますけどね。ワシなんかはしょっちゅう『うぉ！　クソが！』とか言いますよ」（小林）

――熱くなったりすることはあるんですか？

小林　あんまりないっスねえ（笑）。

――お笑い以外とかでも？　大きい声とか出したりはあります？

小林　べつに出しますけどね（笑）。

友保　むっちゃ職質みたいやな（笑）。
小林　職質やとしたら「大声出してる」って言うたらあかんやろ（笑）。
友保　あかんな。
小林　「うぉー！」みたいなやつっスよね？　ワシなんかはしょっちゅう出してますよ。「うぉ！　クソが！」とか言いますよ（笑）。
――罵声ですか（笑）。
友保　罵声のほうで。絡んで来たりしたヤツに言うたりしますよ。「おもろいな、自分！」とか（笑）。
――その怖さですね。やっぱ日常からこのヤバさがちょっと出てますね。
友保　いや、言われたらいい返さんとね。ワシ、めちゃめちゃケンカ弱いから（笑）。
――大きい声を出して先手を打つと（笑）。
友保　先にこっちが言っておかんと負けてまうんスよ（笑）。
小林　ブラフで（笑）。
友保　ブラフでいかんと。
――わりと冷めてるというか、一歩引いている感じですよね。お笑いについても「いやいや、食えたらいいんっスわ」っていう。

友保　いや、引いてはないんっスよ。冷めてるでもなくて。
小林　うん。
友保　ほんまこういうヤツなんっスよ。尖ってるとか、ヤバいとか、オラついてるとか、じゃないんっスよ。
――もともとこうなんですね。
友保　こないなもんなんっスわ（笑）。
小林　あまり欲がないんですかね（笑）。
友保　こないなやっちゃねん（笑）。
――でも、これでいいってことですね。
友保　そうっスね。ウソついたかて。
――ちなみに趣味はなんですか？
友保　趣味はなんスかね。ほんま飲みに行くのと、バイクに乗ったりとか。あとはなんやろ、竹を切ったりするのは好きっスね。俺。
――竹を割る？
友保　いや、笹とかを切ってるんっすよ。家の前で無限に生えてくるんっスよ。俺、駆除してるんっスけど、ずっと刈ってて。アイツ、生命力が強いんっスよ。「俺、なんでずっとこんな刈れるんやろ?」と思ってたら、たぶん好きなんっスよ（笑）。
――刈ること自体が（笑）。

友保　笹刈ることがちょっと好きになってもうて（笑）。「やっぱこれが愛なんや」と思って。

――だから無償でできるってことですね。

友保　そうなんっスよ（笑）。

小林　宮本武蔵みたいなこと言ってんな（笑）。俺、趣味はなんスかね。なにしてんやろ……。

「音楽とかそんなでもないんスよ。それもよう言うてくれはるんですけど、そんなになんですわ」（友保）

――たとえば、『アメト――ク！』で○○大好き芸人みたいなのとか、何かに詳しい人が出たりするじゃないですか。「なんかそういうのってありますか？」って聞かれたときになんて答えるか。

小林　「ない」って言いますね。

友保　そう。そんな入れ込んでることってないんっスよ。

――そこで無理やり作ることはしない？

小林　で、ほんまに好きなもんはしゃべりたくないっていうのがあるんで（笑）。「これが好きで！」があまり。こっそり楽しみたいですね。

友保　スケベやもんな。おまえ。

小林　教えたくないですね。楽しいこと。

――これにハマってるってことを世の中に広めたくない。

小林　バレたくないですね（笑）。あれも嫌だったっスもん。『兆楽』（渋谷にある中華料理屋）。

――兆楽大好き芸人ですね。

小林　いま行列できてるんでしょ？「なんであんな言うねん」ってなるんですよ（笑）。やめてほしいっスね。せっかくこっちで楽しいもんを見っけたのに。

――でも自分が好きなものをみんなに広めたい欲求ってあったりするじゃないですか。

小林　まあ、身内に教えるのはありますけど。

――じゃあ、『アメト――ク！』とかを観ていても、ちょっと理解できない部分もあるってことですか？「なんでこの人たちは広めようとするのかな？」って。

小林　だから、たぶんほんまに好きなものは広めてないんやろうなって（笑）。

友保　そんなことないと思うわ（笑）。

小林　そうなんか？

友保　プロレス大好き芸人とか楽しそうにやってはるからな。言いたいんやろ。

小林　言いたいんか。

友保　たまに飲んでてジジイが絡んできて、「邪馬台国がどこにあるか知ってるか?」みたいな。あんなん言いたいもんな。で、「奈良でっしゃろ」って言ったら、「きた!」って顔をして「九州やねん」って言いよる。あれ、言いたいねん。ワシ、顔死んでるのに言うてくるもん、あれ。奈良派もおるやろって(笑)。

小林 いまは九州(笑)。

友保 あんな熱意はないな。

――何かを人に説くほどの熱意はないと。でも、たぶん音楽が好きですよね?

友保 いや、そんなでもないんスよ。それもよう言うてくれはるんですけど、そんなになんですわ。

――本当ですか? たとえば音楽でこんなの聴いてきたなっていうのは?

友保 なに聴いてたんですかね? そんなメジャーなのは聴いてなかったんですよ。兄ちゃんは嘉門達夫が好きやったんで。あとは爆風スランプとか。ダッセーでしょ?(笑)。あんた聴いてるものはないの?

小林 俺は中島みゆきっスね。ずっと好きだったっスね。『家なき子』ってドラマの主題歌だった『聖者の行進』とかからかな。

――『銀の龍の背に乗って』とか。

小林 それは『Dr.コトー診療所』です。

――あっ、すみません。

小林 失礼だな、キミは。

友保 きっしょいわ。おまえ(笑)。

「好きな女性のタイプは中島みゆき。なんか尊敬できるんですよ。もう自分が全部下というか。下手したら身長も下かなって」(小林)

――いや、いま熱くなる瞬間があってよかったです(笑)。

友保 嫌な火やったで。いまのドロッとしてたわ(笑)。

――中島みゆきのよさはどこですか?

小林 「よさはどこですか?」ですって?

友保 うわっ、めんどくさいヤツや。なんやねん、「くみ取れよ」みたいな感じ。ダルいわ、言えや。

――でも教えたくないっていうのがありますもんね(笑)。

小林 今度、日にちを言うんで空けておいてください。

――長くなるんですか?(笑)。

友保 めっちゃ語りたいんやん。おまえ。なんやねん(笑)。

――では、好きな女性のタイプは?

友保 うわっ、これねえ。

小林 俺、中島みゆきっスよ。

――あっ、女性としてもですか? ラジオでめっちゃ明るい

中島みゆきさん。
小林　ああ、明るいっスね。
友保　おもろいラジオでね。
小林　なんか尊敬できるんですよ。もう自分が全部下というか。下手したら身長も下かなっていう。
友保　んなわけないやろ。
小林　見え方として。中島みゆきはいいっスよね。
友保　ワシはこれ、毎回言って笑われるんスよ。でも、これはマジなんですよ。俺、江角マキコがむっちゃ好きなんですよ。
——江角マキコ!?
小林　年金払ってないやろ。
友保　やめときって。年金と落書きはいじんな。関係ないやろ。
小林　落書きはちゃんとひくんや。年金はまあわからんわけでもないけど。そんなヤツいっぱいおるから（笑）。
友保　いっぱいおるからな。
小林　落書きはひく（笑）。
友保　マジもんやもんな。でも俺は好きなんスよ。べっぴんでしょ。あれ。で、ヌード写真集があるっつうんで「うわー！」と思ってブックオフに行って見たら、くっそスベってて。あれ。
小林　スベるんや（笑）。
友保　女性が見ても楽しめるヌード写真集で、なんかアートにしてて、おもんないおっぱい出しててガッカリしましたわ。

「俺らのことをおいしく料理できるなら優秀って俺らゲテモンやんけ。雷魚とかアリゲーターガーよ」（友保）

——おもんないおっぱい（笑）。
友保　でもワシ、江角マキコが好きなんスよ。むっちゃ笑われるんスわ。『ショムニ』を観てて勃起してからずっとっスわ。
小林　『ショムニ』を観て勃起したんや？（笑）。
友保　するっしょ。いや、エロいっしょ。あれ（笑）。みんな忘れてるけど、スカートがパッチンパッチンやで。で、『GTO』のドラマ版で鬼塚が入院するんスよ。そこの看護婦が江角マキコで、またパッチンパッチンのスカートを履いてんねん。
小林　憶えてねえ。
友保　ワシ、キンタマが動くのが聞こえたもん。
小林　ドゥルンや（笑）。
友保　キンタマがバイブするのがわかったわ。だから中学のときからっスよ。いまなにやってるかわからないですけど（笑）。どっか行ってもうたんで。
小林　落書きばっかしてるから。
友保　グラフィティやってんのかな？　いやいや、無理して俺らのことを知ろうとしなくてもいいんですよ。
小林　ほかにいっぱいおるでしょ（笑）。
友保　達者なヤツがいっぱいおるんで。
——たぶんテレビマンはみんな頭を抱えているんですよ。なんとか出てもらいたいし、どうにかピタッとした企画を当てたいんだけど、それが何なのかわからないっていう。
友保　IKEAとかでようありますわ。「なんかええねんけどな。でも、これを買うて家で使うところがないねんなあ……」っていうの。
小林　あるんだ（笑）。
友保　ある。変な棚と一緒。俺ら。
——変な形で四隅に合わないやつですね（笑）。
友保　それで紫とかで、「うわー、むっちゃええねんけどなあ。テーブルこの色やしな……」みたいな（笑）。
——部屋が壊れるっていう（笑）。じゃあ、金属バットの出どころはこっちががんばって探すしかないってことですね。宿題として持ち帰らせていただきます。今日は本当にすみませんでした（笑）。
友保　いやいや。
小林　そんな困ってるんですか？　なんで困ってるかがわからないです（笑）。
——なんか「金属バットをしっかりおもしろく使えたら制作者として優秀だよな」っていうのはあるでしょうね（笑）。
小林　そんなの、ほんまか？（笑）。
友保　あの魚をおいしく料理できるなら。えっ、俺らゲテモンやんけ（笑）。
小林　ブラックバスのおいしい食べ方見つけたみたいな（笑）。
友保　雷魚とかな。
——いや、そんな大量発生もしていないんですよ。ちょっと珍味なんですよ。
友保　アリゲーターガーよ。
小林　アリゲーターガーなんや（笑）。
友保　どないしたらええねん、あれって。

金属バット
高校の同級生だった小林圭輔と友保隼平による漫才を得意とするお笑いコンビ。2007年4月結成。吉本興業所属。
小林圭輔（こばやし・けいすけ）
1986年3月6日生まれ、大阪府堺市出身。金属バットのボケ担当（写真・左）。
堺市立工業高等学校を卒業後、芸人を志しNSC大阪校に入学。出てみたいテレビ番組は『世界陸上』。
友保隼平（ともやす・しゅんぺい）
1985年8月11日生まれ、兵庫県明石市出身・大阪府堺市育ち。金属バットののツッコミ担当（写真・右）。
小林と共にNSC大阪校に入学（29期生）。長髪・出っ歯・猫背・コテコテの大阪弁が特徴。

大井洋一（おおい・よういち）
1977年8月4日生まれ、
東京都世田谷区出身。放送作家。
『はねるのトびら』『SMAP×SMAP』『リンカーン』『クイズ☆タレント名鑑』『やりすぎコージー』『笑っていいとも!』『水曜日のダウンタウン』などの構成に参加。作家を志望する前にプロキックボクサーとして活動していた経験を活かし、2012年5月13日、前田日明が主宰するアマチュア格闘技大会『THE OUTSIDER 第21戦』でMMAデビュー。2018年9月2日、『THE OUTSIDER第52戦』ではTHE OUTSIDER55-60kg級王者となる。

TARZAN by TARZAN

ターザン バイ ターザン

はたして定義王・ターザン山本！は、ターザン山本！を定義することができるのか？「2022年7月6日、真夏の暑い日に俺はもう完全に死んでるんよ。だけどたまたま救急車の中で目が覚めたんよ。だから俺は九死に一生を得たんだよね。それから俺は猪木的に病気とはうまく付き合っているというかさ、病気が友達というかさ。だから現時点では凄くいい形で再生してきているよね」

絵　五木田智央　聞き手　井上崇宏

第四十章

一度死んだターザン

「俺、美津子さんに会いたいなって思ってるんよ」

山本　いやあ、今日はよくぞ俺に連絡をしてきてくれたなぁ。ありがとう！

——とんでもないですよ。というか、今日も毎月やっている取材ですよ。

山本　あのね、ハッキリ言って取材なんてのはどうでもいいんですよ。今日のメインはうな重ですよ！　いやあ、楽しみだよぉ。

——じゃあ、注文しましょうか。

山本　はいっ。おねえさん、ボクにいちばん高いうな重をください。しかし、そっちも粋な仕掛けをしてくるよねぇ。うな重を食べながら取材だなんて。

——とんでもないですよ。山本さんにはいつもお世話になっていますから、たまにはこれくらいしないとバチが当たりますよ。じゃあ、できあがってくる前にパパッと収録しちゃいましょう。

山本　今日はもうなんでも聞いてください。でも、なんで俺がうな重を食いたがっていたのを知ってるん？

——いや、10月に猪木さんが亡くなられたとき、山本さんが「さまよえる猪木難民たちよ、うな重を食え」と言っていたじゃないですか。「うな重を食うと元気が出る。元気があればなんでもできる」って。

山本　ああ、言ったねえ。

——だから山本さんにも元気になってもらえたらなと思いまして。

山本　たしかに言ったねえ！　だから俺、今日は絶対に元気が出るよ。なんでもできるようになりますよぉ。俺はここ最近、ふたつの願望があったんよ。ひとつはうな重を食べること。そしてもうひとつはさ、俺、美津子さんに会いたいなって思ってるんよ。

——猪木さんが亡くなられて、姿を見せることもなく、声明を出すわけでもない倍賞美津子さん。

山本　前も言ったけど、俺はアントニオ猪木の死に関するあらゆることが気に入らないわけ。猪木さんが死んだあと、突然知ったかぶりの連中が次から次へと出てきてさ、アントニオ猪木の素顔、真実はこうでしたって得意げに語ってるじゃない。あれに本当に腹が立ってるんよ。

——長州力もまったく同じことを言っていますよ。

山本　俺、アントニオ猪木の素顔を語っていい、数少ない人物の中のひとりが美津子さんだと思うんよ。

——それは間違いないですね。でも、おそらく本人は語りた

TARZAN by TARZAN

がっていないんでしょうね。
山本　とにかくさ、あの猪木が死んだあとの東スポの一面がMVPですよ。猪木さんと美津子さんのツーショットの写真で「別れても好きな人」っていうさ。あれは俺、シビれたね。だから俺のところにもいろんな人が「猪木さん、亡くなりましたね」とかって言ってくるけど、俺はそういう声は全部シャットアウトしてるからね。しゃらくさい、こっちはおまえの喪失感なんか聞きたくないよという形で。
――聞きたくないよという形。
山本　もうずっとですよ！　そんなもん、くだらんから全部シャットアウト。あのね、猪木さんという人はずっと「本能」と「勘」で生きてきたんですよ。その無意識でいろんなことをやってのけたことがアントニオ猪木の凄いところなんですよ。本能とか勘っていうのは言葉にはできないじゃないですか。だけど俺たちはそれを言葉にしなきゃいけない。言語化しなきゃいけない。

「キース・リチャーズ。アイツはエグいよねえ」

――昔、ボクがインタビューしたときに言っていたのは、猪木さんってずっといまのプロレスについて苦言を呈していたじゃないですか。それは本当にそう思ってはいるけど、ちょっとポーズで言っている部分もあると。要するに、まあ、べつにどうでもいいと（笑）。それよりもこのぬるくなった日本、政治に関してはちょっと本気で怒ってると。時代が時代なら革命を起こしたいくらいの怒りを覚えると。でも、まあ、そこもややポーズも入ってると（笑）。それよりも何よりも「力道山を超えたいという欲がある」って言っていましたね。

山本　ああ。

――生前、力道山はプロレスラーとしてだけじゃなく、事業家としてもすでに成功していたけど、「俺はそういう金儲けではなく、もっとデカいことをやってのけたい」って。その挑戦がデカければデカいほど世界が驚くだろうと。たぶん、それは本音だったと思うんですよ。

山本　あのね、猪木さんは絶対にお金じゃない。それは間違いない。うな重はまだか。

――もうちょっとで来ますから。

山本　俺の家の裏にある店はうな重が2500円なんだけど、今日は早く閉まっちゃうからってことで急きょ、この店を探して見つけたんですよ。でも、ここのうな重は4500円もするんだよね。これね、俺たちはハッキリ言って勝ち組ですよ（笑）。

――今回は年始の号なので、ターザン山本の私的2022年総括とかやりましょうか。

山本　あっ、2022年は死ぬかと思いましたよ！

――あっ、その前にいいですか？　今回の巻頭は甲本ヒロトさんなんですけど、あれこれお話をしている中で「モハメド・アリ戦はいらなかったかもとも思う」とおっしゃっていたんですよ。

山本　どういう意味？
——プロレスはあらゆるものが測定できないところが魅力なのに、猪木はアリ戦という世間にもわかる価値観で測定をしようとしたと。それはちょっと貧乏くさく感じるっていう。
山本　アッハッハッハ！　そういう見方も出てきたか！（笑）。
——そして「あのときの馬場は凄かった」とも。
山本　あのときっていうのは、いつ？
——あの「みんなが格闘技に走るので、私、プロレスを独占させてもらいます」というコピーと共に余裕の表情を浮かべるジャイアント馬場ですよ。「あのときの馬場は『イッツ・オンリー・ロックンロール』を歌ったミック・ジャガーだった」って言っていました。
山本　アッハッハッハ！　いやあ、凄いねえ！　素晴らしい！（笑）。傑作だな、それは。いまの話を聞いて溜飲が下がったな、俺（笑）。
——溜飲が下がった？（笑）。
山本　大ガッツポーズですよ！　結局あのときの流れというのは、プロレスというものに対するある種の疑念、疑惑、絶望、失望があった頃で、その代替として格闘技のほうに向かっていこう、転向しようみたいな動きが生まれてきて、それでUWFが出てきて、そのあとK−1、PRIDEが出てくるじゃない。馬場はそれを見据えた形でそう言ったということが、保守的には真逆な言葉なんだけど、もの凄くリアリティがあるんだよね。そうか、ジャイアント馬場はミック・ジャガーか。あのギターをやってる人はなんて名前だっけ？
——キース・リチャーズですね。
山本　そうそう、キース・リチャーズ。アイツはエグいよねえ。
——なんでですか？
山本　いやあ、あの男はエグいなあと思って。ギターを弾いてさあ。
——そこは特に定義しないんかい（笑）。
山本　いや、馬場さんって「格闘技も全部プロレスでしょ？」って言っていたんですよ。そこがまた凄いよね。「客の前でやるんだからすべてプロレスでしょ？」と。
——「シューティングを超えたものがプロレスだ」とも言ってましたよね。
山本　だから馬場さんっていうのは、ああ言えばこう言うっていうタイプの人間なんですよ。非常に屁理屈が得意なんだよね。

「毎日考えていることは『死とは何か？』ですよ」

——さて、山本さんにとって2022年はどんな年でしたか？
山本　まずさ、腰が悪くなったことと病気になったことが最大のニュースじゃない。俺はいま77歳なんだけど、病気遍歴としてはまず最初はもうずっと前からの糖尿病でしょ。それで1年半前に肝臓の難病になったでしょ。それで2022年は脊柱管狭窄症になったじゃない。それは骨と骨の間が狭くなって神経をやられるというやつで、天龍さんや蝶野さんもなったやつですよ。俺はそれにずいぶん苦しめられてまともに歩けなくなったんよ。病気ってそうやってどんどん拡散していくんだよね。

——歳をとるということは、そういうことですよね。

山本　それでついに2022年7月6日、真夏の暑い日に『ビリー・ザ・キッド』でステーキを食ったあと、帰宅しようと思って駅のエスカレーターを上がっていたときにぶっ倒れて意識を失ったと。じつはあそこで俺はもう完全に死んでるんよ。

——2022年7月6日、ターザン山本は一度死んだ。

山本　死んだ。要するに『ゴング』の竹内（宏介）さんだって、電車に乗っていたときに脳溢血で倒れたでしょ。そのまま5年以上も意識が戻らないまま亡くなられたでしょ。もしかしたら俺もあのときそうなっていたかもわからないんだけど、たまたま救急車の中で目が覚めたんよ。だから俺は九死に一生を得たんだよね。それから俺は猪木的に病気とはうまく付き合っているというかさ、病気が友達というかさ。だから現時点では凄くいい形で再生してきているよね。

——もしかしたらアントニオ猪木の死を知ることなく、先に自分が死んでいたかもしれなかったわけですよね。

山本　猪木さんが亡くなる前に俺はいかれたかもわかんないね。あのね、いちばん最悪なことは自分がライバルとか敵だと思っているヤツよりも先に自分が死ぬことですよ。

——最近それを提唱していますよね。本当に死にかけたからこそ、そういう思いに至ったっていうか。

山本　そうそう。だって、死んだら歴史が改ざんされまくりのとんでもないことになるわけですよ。いまだってアントニオ猪木が亡くなったことによって、やりたい放題で猪木の歴史を改ざんしまくりじゃないの。そんなの、たまったもんじゃないですよ！

——要するにターザン山本の敵とおぼしき人物は、長州力とかですよね。たしかに死んだらボロクソに言われそうですよね。それか完全スルーか（笑）。

山本　だからまずは、病気が目の前にバサーッと怒涛のように来ましたよというのが2022年という年。脊柱管狭窄症が治ったかと思ったらまた再発したりとかね。もうあの苦しみは耐えられないもん。左足がしびれてるんだけど、まともに10メートル以上歩けないんだもん。整体に行ったら「これはもう永久に治らないです」ってハッキリと言われたしさ。とにかく病気は友達だと思って付き合っていくしかない。それとね、2022年は俺、彼女ができたんだよね。

——そうでしたね。それは何月からでしたっけ？

山本　3月ですよ。普通は76歳で彼女なんかできませんよぉ。だからいまの俺の人生はプラスとマイナスが並行して進んでいるんだよね。そこに10月1日、猪木さんの死が被ってくるわけじゃない。もう、それから毎日考えていることは「死とは何か？」ですよ。毎日夢を見るのよ。

——どんな夢ですか？

山本　もう自分がこの世じゃない世界に行ったという夢を見るね。この世じゃない世界に行くとさ、過去に会った人たちが次から次へと出てくるわけですよ。その人たちと会うことで「ああ、もう俺は死んだんだな」という形で、毎日のように夢の中で確認するわけですよ。

――夢の中では死後の世界にいるわけですか？

山本　死後の世界を見てるわけですよぉ。かつて何かを共にやった人、裏切った人、別れた人とかが全部いるんですよ。

――毎日夢で見るって、もう本当に普段から死を意識しているってことですよね。

山本　意識しない日はないよ。毎日ですよ。

「もう楽しくてしょうがないからピヨピヨピヨ〜って」

――嫌だなあ。山本さん、死なないでくださいよ。

山本　だから今日みたいにうな重が食えたら、生きていて儲けものだよ。ラッキーですよ。

――いまの体調はどんな感じなんですか？

山本　毎朝、俺の家から歩いて3分のところにある彼女のアパートに行ってさ、彼女が作る朝ごはんを食べているわけですよ。それがすべて糖分を下げてある健康食だから、血糖値もグーンと下がってきて肝臓もよくなってきたんよ。

――ということは調子は上がってきていると。

山本　彼女のおかげですよ。とにかくいまの彼女は非常に性格が明るいんですよ。つまりね、これまでの俺の彼女っていうのは、俺が勝手に夜遊びをしたり、いろんな人と会ったりしていると「なんでそんなことをするの！」と責めてきたわけですよ。あるいは女のコとのツーショット写真を見て「なんでこんな写真を撮ってるの！」と嫉妬してくるわけですよ。そういうのがいまの彼女にはまったくないんよね。ラクだよ、これえ。

――歴代の彼女たちは、みんな嫉妬深い人たちだったわけですね。

山本　そうなんよ。だから今回、俺は最初から手の内を全部出すようにしているわけですよ。たとえば女性からクリスマスプレゼントをもらうでしょ。そうしたらそれを俺は彼女に渡すんよ。あるいはどこかに行っておみやげをもらったときも、それをかならず彼女に渡すようにしてるんよ。

――すべてオープンにして。彼女はおいくつでしたっけ？

山本　55ですよ。

――向こうも山本さんとはいまのこの関係性が心地いい感じですか？

山本　うん。まずさ、彼女は結婚したことがないんだけど、それはもともと結婚願望がないからなんですよ。だから俺とも結婚したいという気持ちがない。

――肉体関係はあるんですか？

山本　ないよ。

――一度も？

山本　ない。

――じゃあ、チューをするくらい？

山本　うん。

――あー、いいじゃないですか。素敵。

山本　チューと抱き合うくらいだよ。だからいつも朝7時半に彼女の家でメシを食って、食後にゆっくりして、10時くらいになったら俺は出かけるわけ。そのときに玄関でパッと抱き合うわけですよ。

――あー、ほほえましい。

山本　そのときにちょっとお茶目に靴べらでペロンっておっぱいを触ったりとかさ。

――お茶目に靴べらでペロン。

山本　あるいは靴べらで彼女の下半身をこづいたりとかして遊んでるわけですよぉ。

――気色わるっ！　そのときの山本さんって、どんな顔をしてやってるんですか？

山本　もう楽しくてしょうがないからピヨピヨピヨ〜って。こんな顔ですよぉ。

――あー、超かわいい！　活字じゃわからないと思うけど（笑）。

山本　かわいいでしょ。ピヨピヨピヨ〜って。あるいは俺たちが別れるときは、いつも「ぱぴゅーん」「ぷちゅーん」って言ってから別れるんよ。

――「ターザン星からやってきた王子様」みたいな設定でしょうか。

山本　そうそうそう。

――そうそうそう？（笑）。

山本　それで最後に彼女が俺の額にキスをしてくれて、「じゃあ、またね！」って言って帰って行くんですよぉ。

「彼女は怪物化と並行してミック・ジャガー化しますよ」

――でも、マジで楽しそうでいいですねえ。

山本　俺、毎朝コンビニやスーパーで納豆とかサバ、野菜を買ってから彼女の家に行くんよ。要するに差し入れという形で。そしてそれを彼女が料理するわけ。あるいはイレギュラー的に夜に会うときとかも、俺はコンビニに寄ってデザートを買って持って行くわけですよ。そうしたら彼女はもの凄く喜ぶよね。夜はちょこっとだけ寄って、そのおみやげのデザートを渡したらささっと帰るんだけどね。

――基本的に会うのは朝だけなんですか？

山本　朝だけという形だね。俺、彼女と一緒に夜メシを食ったりしたことがないんだよ。夜の時間帯はお互いにフリーだから。

――早番なんですね（笑）。

山本　こういう関係性なので、俺は「彼女」って言うんじゃなしに「シンカノ」と呼んでるんよ。これってまったく新しい恋愛の形でしょ。こんなの誰も俺の真似はできませんよぉ。

――「彼女」と「シンカノ」は何が違うんですか？
山本　要するに彼女と言ったら、お互いが相手を束縛したり、独占したり、支配したり、マウントを取ったり、あるいは要求したりするような関係性じゃない。それがいまはまったくないんよ。オール自由にするわけ。だから「新しい形の彼女」ということでシンカノ。そして、もちろん俺は言葉が巧みじゃない？　言語感覚が優れているじゃない？　それを彼女は自分のビジネスとか生活、ライフスタイルの中に採り入れてさ、どんどん怪物化していってるわけですよ。

――怪物化（笑）。

山本　だって彼女が質問してきたことに俺は全部答えられるわけだから。なんでも返せるから。しかも、そのときに俺が発する答えの多くは、彼女がいままで体験したことのない価値観だったりするわけですよ。要するに新鮮な刺激を毎日俺から浴びているわけですよぉ。

――ということは、この立石から女ミック・ジャガーが誕生するかもしれないですね。よくわからないけど（笑）。

山本　しますよ。怪物化と並行してミック・ジャガー化しますよ。イッツ・オンリー・ターザンですよ！

――かつてのジャイアント馬場よりも密接に付き合っているわけですもんね。

山本　そうですよぉ。でね、じつは彼女は恋愛相談のビジネスをやっているんですよ。

――恋愛相談のビジネスってなんですか？

山本　要するに男性とうまく付き合えなかったとか、結婚ができなかったとか、彼氏ができませんとかっていう40代、50代の女性の人たちを相手に、どうすればうまくいくようになるかっていうアドバイスをするんですよ。そのノウハウを彼女はあるセミナーで学んで、それを仕事にしているわけですよ。そのビジネスを発展させるために、俺がさらなるアドバイスを彼女にしている形ですよ。

――山本さんが女性側の立場になって、恋愛のアドバイスをしているんですか。変な時代ですね（笑）。

山本　たとえば彼女のところに相談者が来るでしょ。俺はそれがどういう人だったかを聞いて、すぐに「あっ、その人はこういう人だよ」「こんな感性の人だよ」っていうのを全部教えられるわけ。それで男性への攻め方とか関わり方、押したり引いたりだとか、距離感はどうだとかをすべて教えられるんですよ。「このタイプならこうだよ」とか詳細にね。まあ、個人情報があるからあれだけど、本当は顔を見せてもらったほうが完璧にわかるんだけど。

――人相で。

山本　つまりさ、人間って顔が名刺なんですよ。もう顔にすべてが出ているじゃない。どういう性格なのかも目を見たら全部わかるじゃない。髪型とか化粧の仕方とかを見たら全部わかるじゃない。そういう感じなのよ。だから俺自身も彼女と付き合うことで、そういう視点が鍛えられて女性観がさらにバージョンアップしたね。女性という生き物とは何か、男という生き物とは何か。そこには決定的に断絶があるなとか、完全に違う生き物だなっていうことが俺は嫌というほどわかったわけよ。男と女はうまくいくわけがないということもわかったんよ。うまくいかないからこそ、俺は彼女とは朝ごはんしか付き合わないよと。

「こっそりと上野の大人のおもちゃのお店に行って買ってくる」

——あっ、早番の理由はそれなんですか。そういう諦観があるんですね。

山本　ありますよぉ！　だから本当のカップルだったら夜に泊まりに行ったりするもんでしょ。俺らはそれをいっさいやめたんよ。そんなのべつに泊まっていったらいいわけですよ。彼女の家は暖房も効いてるから、ぐっすり眠れるんだよね。

——自分の家よりも快適なわけですね。

山本　それとそばに女性がいると安心感があるんだよね。とにかく全然違うわけですよ。なおかつ彼女と抱き合った瞬間の気持ちよさというのは凄いねえ。

——でも、その安心感と気持ちよさはもう捨てたと。

山本　そこは捨てた！　だから朝の食事をして別れるときは抱き合うけど、夜に泊まるっていうのは完全にやめた。

——でも夜も泊まったほうがいいですよ。話を聞いていると、そんなことでふたりの仲は変わんないですよ。

山本　万が一ね、泊まることになったときも、俺は「今日はセックスなしよ」って言うんよ。

——でも、まだ一度もないんですよね？

山本　あっ、だってそもそも俺は不能だからできないじゃないですか。

——じゃあ、「セックスなしよ」って言う必要もないじゃないですか。そこはお茶目で言うんですか？

山本　いやいや、そこはいろんな方法があるじゃないですか。

——靴べらを使って？（笑）。

山本　靴べらじゃなくても、ほかにいろんな方法があるんですよ。

——いろんな方法って、ちょっとボクにはわかんないですよ。なんですか？

山本　だからさ、たとえばこっそりと上野の大人のおもちゃのお店に行って買ってくるとかね。

——あっ、やっぱ道具なんですね。

山本　そこはもう、不能だろうがいろんな方法がありますよ。

——で、そのおもちゃを使う。

山本　使う。

——なにくわぬ顔をして使ってる。

山本　使ってる。

——そういうおもちゃって、使ったあとは山本さんの家に持って帰るんですか？

山本　持って帰るよ。

――彼女の家には置いていかない？
山本　うん。ずっと俺のバッグの中に入れてる。
――不審者じゃないですか。
山本　振動するんよ。ブーンと。
――ブーンと（笑）。
山本　あとは塗るやつ。
――ローション？
山本　大事だよね。ヌルーンと。
――ブーンとヌルーンを上野まで買いに行っていると。
山本　買いに行ってるねえ。
――なにくわぬ顔をして。
山本　なにくわぬ顔で。

「ちょっとさ、なんていうかさ、彼女の声がデカいんだよなあ」


――じつに楽しそうでいいですねえ（笑）。

山本　ボタンをピッと押すとブーンとなるわけですけど、それをやると効果バツグンだよね。

――効果バツグン（笑）。

山本　それでおもしろいのはさ、人によって性感帯って違うじゃない？　当然そこは俺も探るわけですよ。探ってわかったことは彼女の性感帯は乳首なんですよ。

――そんなことまでしゃべっていいんですか？（笑）。

山本　だから乳首を思いっきり吸うとか、もしくはガーッと強く吸うと、彼女はカーッとなるんですよ。

――とにかく思いっきり強く吸っているわけですね。

山本　そうそうそう。しかも右と左で違うんですよ。彼女の場合は左の乳首ですよ。だから左の乳首でを攻めるとめちゃくちゃエクスタシーになるんよ。普通なら耳とか脇の下とかもあるじゃない。しかし彼女は左の乳首が最大のポイント、モースト・インポータントなんですよ。そういう人生を過ごしてきたんだね、彼女は。

――どういう人生（笑）。そんな彼女の目の前に突然現れた、謎の不能者。

山本　だから逆に言うと……クンニですよ。

――なんの逆。

山本　いまの俺はクンニ帝王ですよ。

――クンニに活路を見出したわけですよね。

山本　もうね、俺がクンニしたらもの凄く興奮するんだから。お城を攻めるときと同じで、まずは外堀から攻めるんですよ。直接的にクリトリスにいくんじゃなくて、その周辺をじわーっと、じわーっと下からゆっくりと登りつめるようにして舐めるんですよ。そうして舐めていくとね、相手は早く天守閣に来てほしいという形になるわけ。

――早く天守閣に来てほしいという形に（笑）。

山本　逆に。

――逆に？

山本　だけどその逆の形を抑えて、なるべくすぐには天守閣に行かないように、抑えて、抑えて、左右に、あるいは右とか左に行ってから、それから天守閣の上からスーッと外側を円を描くようにしながら、あくまで天守閣には触らないような形にするわけですよ。

――徹底して天守閣には触らないと。その天守閣って、どこのことを指してるのかがまったくわかってないんですけど（笑）。

山本　それが非常にウケるねえ。

――好評。

山本　とても評判がいいんですよぉ。それで前にも言ったけど、舌もさ、使うのは表のほうじゃないよ？　絶対的に裏側のツルツルしている部分を駆使してやるわけよ。表ってザラザラしてるじゃない。そこもひとつの大きなポイントですよ。これは書いていいよ。

――すでに前にも書きましたしね。でも舌の裏側で舐めるって難しそうですね。

山本　そう？　簡単だけどな。

――なんかいま、ちょっと得意げでしたね。さすがゴッドタン（笑）。

山本　だけどひとつ悩みがあってさ、彼女の部屋はアパートだから上にも人が住んでいるんですよ。それでアパートのまわりは平屋の家が密集しているんだけど、ちょっとさ、なんていうかさ、彼女の声がデカいんだよなあ。

――ほほう。

山本　「そこまで声を出すか！」っていうくらいにデカいんですよぉ。

――それが悩みなんですね。

山本　それでね、彼女の部屋にはベッドがないんですよ。煎餅布団なんですよ。それがまたね、いいんだよねえ。煎餅布団の感触が凄くいいんですよ。だから俺は「絶対にベッドは買わないでくれ」っていう形でお願いをしているんだけど。

――ベッドは買わないでくれという形を。

山本　まあ、彼女はこれまでの女性と一緒でさ、俺の才能に惚れてるんだよね。

――歴代の彼女もそうなんですよね？

山本　全員そうだよ。

――山本さんの顔がタイプっていう女性はいなかったんですか？

山本　聞いたことないね。

――じゃあ、もう完全に才能だ。

山本　全部才能ですよ！　俺、才能だけはめちゃくちゃありますからね。あとはこの声と。

――あっ、声が魅力的？

山本　一緒に過ごしている時間の中でたくさんの言葉をかわすじゃないですか。それで俺の声って高いじゃないですか？　つまり、たくさんの言葉を高い声で発するという形なんだけど、

そういうものがミックスされることによって楽しい空間が演出されるわけですよ。

――それは持って生まれたものですからね。

山本　そうそう。岡本太郎さんも声が高いじゃない。力道山もそうだし。

店員さん　うな重定食、お待たせしました〜。

山本　やっと来た！（蓋を開けて）ジャジャジャジャジャーーン！　フォ〜〜ッ！　今日は最高っ！　フゥーーッ！　腹ペコだ！　いただきま〜〜す！

――山本さんの話の後半部分で、俺、めっちゃ食欲がなくなってるんですけど。

ターザン山本！（たーざん・やまもと）
1946年4月26日生まれ、山口県岩国市出身。ライター。元『週刊プロレス』編集長。立命館大学を中退後、映写技師を経て新大阪新聞社に入社して『週刊ファイト』で記者を務める。その後、ベースボール・マガジン社に移籍。1987年に『週刊プロレス』の編集長に就任し、"活字プロレス""密航"などの流行語を生み、週プロを公称40万部という怪物メディアへと成長させた。

「あらすじ」悪役レスラー養成機関・蟻の穴には、かつて「女子レスラーと結婚できる」という謳い文句でレスラー募集をしていた時期があった。それを目的に応募したアイアンマスクは、いつまでも結婚させてもらえずとうとう怒り出した。そこで女子レスラー、ワイルドキャットが結婚相手に指名されたのだった。

だって公園デートって言うから
いや…ノープロブレムだよ
それにそのジャージ
すごく似合ってる
はは……
どうしようこのお花
薔薇って高いよね
邪魔なら捨てていいよ
でもゴミ箱ないか
捨てないよどんなに邪魔でも
あーいうの見ると懸垂したくなるよね
オレはそうでもないかな
ちょっとしてきていい？

25…26…27…
くっ
28…
ブル
ブル
ブル
ぐ
ダメだ
ぶらーん
30いかない
前は楽勝だったのに
すごい
パチパチ
パチパチ
そうそうお弁当あるけど
サラダチキン
スモークとバジルソルトどっちがいい？
じゃ
バジルかな…
プロテインは何味が好き？
あむ
あむ

ヨーグルト
私もそればっか
この残った汁
おいしいよね
わっ
びちゃ
やばい
最悪
……
つづく

KENICHI ITO

涙枯れるまで泣くほうがEマイナー

VOL.25

#ノブキは俺が育てた

伊藤健一

（いとう・けんいち）
1975年11月9日生まれ、東京都港区出身。格闘家、さらに企業家としての顔を持つため“闘うIT社長”と呼ばれている。ターザン山本！信奉者であり、UWF研究家でもある。

2022年11月27日、後楽園ホールで開催された『プロフェッショナル修斗公式戦 PROFESSIONAL SHOOTO 2022 Vol.7』で、ノブキこと、藤井伸樹が環太平洋バンタム級のタイトルマッチに挑戦。

私と大井洋一のチームメイトであり、井上編集長とも昔からの知り合いであるノブキは、『KAMINOGE』ファミリーと言っても過言ではない男。そんなノブキの必勝祈願に、戦前、私は井上編集長と大田区にある「池上本門寺」にお参りに行った。

池上本門寺は、ご存知の通り〝日本プロレスの父〟力道山のお墓がある寺だ。プロレスファンである我々は、ふたりとも初めて行くので、ウキウキしながらお寺に入った。

この池上本門寺はかなり大きなお寺であるが、入り口に「力道山の墓所はあちらです→」といった大きな案内板が数カ所に立っているので、その案内に沿ってスイスイと小雨の降る中、お墓に向かった。

プロレス雑誌で見慣れた大きな力道山の銅像が目印となり、すぐにお墓を見つけることができたのだが、銅像を間近で見ると、気迫というか、殺気が滲み出ている感じがしていて、とにかく怖い。怖すぎる!?

井上編集長は「こ、こわ……」と激しく動揺し、手が震えてポケットからスマホを落とし、私もあまりの迫力にあとずさりをしてしまい、数分間、呼吸を忘れた。

正面に立つと耐えられないので、銅像のうしろ側にまわってみたが、後頭部からも情念みたいなものが滲み出ていてやはり怖い。いまにも動き出し、「アゴ〜〜」と呼ばれて、靴ベラでぶっ叩かれそうな気がした。

帰り道はふたりとも無言になり、もちろんノブキの必勝祈願なんかはすっかり忘れていたことにも気づかなかった。

その後数日間、私は「アゴ〜〜」と叫ぶ力道山が夢に出てきてうなされたほどだった。この恐怖体験を、大の馬場派である『キン肉マン』の作者ゆでたまご嶋田先生に話したら、「俺も行ったことあるけど、全然怖くなくて、やさしそうな銅像だと思ったよ」とまったく違う感想が返ってきた。

師匠を「リキさん」と呼んでいたジャイアント馬場と、「憎んで憎んで、殺そうとまで思った師匠」と回顧していたアントニオ猪木。馬場派なのか、猪木派なのかで、あの銅像への印象はまったく違うのかもしれない。

とにかく、いま思い出しても怖い!!

話をノブキに戻そう。

ノブキとは、彼が20歳くらいの頃にジムに入会してきたときからの付き合いであり、当時のジム副代表（各自調査）からは「気持ち悪いヤツ」と煙たがれていたが、かならず毎日ジムにきて、練習熱心で、格闘技が好きなノブキと私は気が合い、ずっと一緒に練習してきたのだ。

たしかに出会った当初はただのコミュ障の青年だったが、いまでは多くの会員さんに尊敬されていて人望も厚い。試合では毎回ゾンビファイトを展開し、〝もっとも闘いたくない男〟というニックネームで、格闘技界でも知られた存在になっている。

タイトルマッチの対戦相手は、王者・石井逸人選手。

私の戦前の予想では、寝技は石井選手のほうが少し有利で、お互いに極めることはできないだろうが、最初の2Rを石井選手に取られると相当キツイ闘いになるだろうと思っていた。

いざ試合が始まると、1Rはノブキがやや押される場面もあったが、ほぼ互角の展開。2Rは相手が有利だと思っていた寝技の展開でも、ノブキが圧倒する。私はノブキとは寝技だけの練習をずっと続けており、最初はふたりきりで練習していたのだが、いまではそこにMMAや柔術の強豪たちも参加してくれていて、非常にいい練習会となっている。

その練習会の効果もあってか、3Rも寝技で三角絞めの形になったりと完全に圧倒。

判定はもちろんノブキ!! 見事、第12代環太平洋バンタム級王者となった。

リング上でベルトを巻いているノブキの姿を見て、私はあることを思い出した。ノブキはなぜか桜庭和志本人着用の〝桜庭バカシンマスク〟を所有しており、いまから10年以上前に「もしベルトを獲ったら、そのときはマスクを伊藤さんに差し上げます」という約束を交わして（交わさせた）いたのだ。

試合後、ノブキに「例の桜庭マスクは?」と問い合わせをしたら、「家に飾ってます」となぜかその話題には触れてほしくなさそうな曖昧な返答をしてきた。

ベルト奪取直後だったので、それ以上の追求はしなかったが、年始あたりにサプライズで私にマスクを贈呈してくれると確信している。そのときはぜひ『KAMINOGE』誌上で大々的に報告したいと思う。

とにかくノブキ、おめでとう!!

マッスル坂井と真夜中のテレフォンで。

12/9

MUSCLE SAKAI DEEPNIGHT TELEPHONE

「コロナってかかると強制的に社会から隔絶されるから、社会性のあるものが受け入れられなくなるんですよ。だから何を読んだり観たりしていてもどれもなかなか頭に入ってこないんだけど、『KAMINOGE』だけはめちゃくちゃ読めるの。出てる人がみんな社会性がないから（笑）」

「TENGAはいわゆる任天堂の横井軍平が言うところの〝枯れた技術の水平思考〟ではない！」

——年末進行のため、今月はいつもよりやや早めにお電話をさせていただきました。

坂井　全然問題なし。今号はどなたが表紙なの？

——甲本ヒロトさんです。

坂井　キャ～！　甲本さんって創刊号以来、毎年のご登場でしたっけ？

——ほぼ。たしか1年だけ不出場があったのかな？

坂井　やっぱなあ。いまって常に格闘技が話題になりがちだけど、年始の号のカバーが格闘家じゃないっていうのは、この10年を象徴していますよね。やっぱり甲本さん以上の存在感を持った現役のプロレスラーとか格闘家っていうのは出てきていない可能性がありますよ。

——まあ、私の口からはなんとも言えないですけど。

坂井　っていうことなんですよ、これはもう。いいなー、今回も楽しみだなー。

——それでね、放送作家の大井洋一っているじゃないですか。

坂井　ああ、ビッグ・ヨーね。

——なにそれ？

坂井　大井の「大」をとってビッグ・ヨーですよ。

——そんな呼び名、初めて聞いたけど（笑）。

坂井　ビッグ洋一ね。

——変わったじゃん（笑）。

坂井　大井だからって「メニー（多い）」じゃなくて「ビッグ」ですよ。えっ、ビッグ洋一がどうかしたんですか⁉

構成：井上崇宏

――落ち着いて、スロープ良宏。

坂井　坂井の「坂」をとってスロープか。傑作。

――先日、ビッグ洋一と一緒に夜中に渋谷のドンキに行って、TENGAを買ってきたんですよ。

坂井　えっ？　なんでいまTENGAいきました？

――なんか誰かと会話しているときに「いまTENGAがバリエーションも多岐にわたって凄いことになってる」って聞いたんですよ。

坂井　要はセルフプレジャーね。もう自慰行為とかって言わないらしいですよ。自分を慰めるみたいな言い方はよくないみたいなことで、自らを喜ばせるという意味でセルフプレジャー。で、井上さんはTENGAでセルフプレジャーをしようとしたってことでしょ？

――そうです。自らを喜ばせようとして。それで取材の帰りにビッグ洋一に「なんかTENGAが凄いらしいよ」って話したら、「冗談じゃない！　いますぐ買いに行こう！」ってそのまま買いに行って。1個2万近くした（笑）。

坂井　はっ？　1個で？

――そうなんですよ。我々が買ったのは『TENGA FLIP ZERO ELECTRONIC VIBRATION BLACK STRONG EDITION』っていうやつです。

坂井　名前長っ。もうマッサージガンとほぼ変わらない値段じゃないですか。やっぱりTENGAを使ってると、メールやLINEの返信は早くなります？

――なった、かな？

坂井　絶対になるよ。いま手元にあります？

――ある。目の前で充電中ですよ（笑）。

坂井　それ、どこにモーターがついてるかわかります？　上下プラスの横回転なんですか？

――金型工場っぽいことを聞くなあ（笑）。ちょっといま自分でググってみてもらっていい？

坂井　オッケー。ああ……えっ？　これ、開いたらどうなってるんだ？　モーターが何個入ってるんですか、これ。モーターとギアが凄いな。これはちょっと電気自動車の中を見ているような感じですね。「可変モーター、新技術インサーテッド・バイブレーションによりTENGA史上最強の振動快感。強力なダブルバイブレーション」？　ああ、やっぱモーターはふたつあるんだな。けっこうデカいですね。これはどういうところが外注で作ってるんですかね？　この金型、作りたいなあ。ウチは基本的に工業製品ばっかなんだけど、「オナホールの金型などを作ってみませんか？」っていう問い合わせが1回あったんですよ。いや、これね、これで2万弱は安いですよ！

――技術的に見て安いと思うってことは、すなわち莫大な生産本数が透けて見えてくるな。

坂井　だって何かのための技術を使っているわけじゃなくて、このためだけにゼロから作られた技術ですからね。いわゆる任天堂の横井軍平が言うところの「枯れた技術の水平思考」ではない！

――だってこれ、クールジャパンだもんね。

坂井　クールジャパンですよ。

――海外からの観光客がこれを買って帰るんでしょ。もしくは電マとかを。

坂井　なるほど。これ、今年の自分へのクリスマスプレゼントにしようと思います。本当によくできてる。じゃあ、使ったあとに自分で洗ってるんですか？

――自分で洗って干してますよ。それは釣りに行ったあとに竿やリールの手入れをするのと一緒じゃないですか。

坂井　釣りをしたあとみたいな気分で手入れしているって、その充実度がうかがえますね。

――エヘヘ……（照）。

坂井　これを置いてて部屋のインテリアは損なわれない？

――ぱっと見、Wi-Fiルーターか何かかなって思う。こないだビッグ洋一が「冗談じゃない！　今日ハウスクリーニングが来る日なのにTENGAを干しっぱで出てきちゃった。「冗談じゃない！」ってLINEしてきたけど（笑）。

坂井　大井さんのレビューはどうでした？

――いや、そこはお互いにあまり触れないようにしてて。

坂井　親しき仲にも礼儀あり。

――っていうか、これはちょっとたとえが悪いけど、同じ女を抱いてる感覚というか。同時期に（笑）。

坂井　たしかに。

――だから聞くべきはTENGAにだよね。「俺と大井、どっちがよかった？」って。

坂井　たしかにね、抱いた感想を言い合うのはダサいですね。じゃあ、ネットにレビューを書いてる連中っていうのは、本当に下衆というか。

――最低。

坂井　でも大丈夫ですか？　『KAMINOGE』なんていう影響力のある巨大メディアで、「『TENGA FLIP ZERO ELECTRONIC VIBRATION BLACK STRONG EDITION』じゃないとダメだ」なんて言っちゃって？

――じゃないとダメとは言ってないですよね。ベーシックな使い捨てタイプもあいかわらずいいんじゃないかと思うし。

坂井　たしかにこれは凄いなあ。シリコン部分とかもヤバそう。

「金型の工作機械が高すぎて脳がバグってます。しかも部品を数百円ほど値上げしたらお客さんからブチギレられて」

――なんか長々と自慢話みたいになっちゃってすみません。それが私が2022年でいちばん買ってよかったものです。坂井さんにとって最近のいちばんの買い物はなんですか？

坂井　えー。ちょっと待ってくださいね。マジでなんだろ？

――ここ数年でいちばんテンションが上がったやつでも可。

坂井　やっぱり、いちばんテンションが上がったのは新型ディフェンダーでしょうね。そして、いちばんテンションが下がったのはディフェンダーのスタッドレスタイヤ（笑）。高すぎる！　スタッドレスタイヤ4本で100万近くしたからね。

――100万!?　まあ、スタッドレスは新潟ではマストだもんね。

坂井　それでもう自分の中のタガが外れて、ついでにほかのオプションも一気につけるみたいな。

――「えーい、ままよ！」と（笑）。

坂井　なんでかって言うと、納車予定日がちょうど新潟では記録的な大雪で「スタッドレスに履き替えないとお渡しできません」ってなって。スタッドレスじゃない純正のタイヤですら、めちゃめちゃデカくて、溝も深くて、どんな山道だろうが通れるし、なんなら浅瀬の川くらいならジャブジャブいけますよという触れ込みなんですよ。

――上下プラスの横回転！

坂井　「90センチまでは完全防水で走れます」って書いてあったのに、雪が10センチ積もったら納車してくれないんですよ。何をもってのRVの最高峰なんだと思いましたよ。

――ちょっとディスが入った。愛するがゆ

え（笑）。
坂井　愛するがゆえです（笑）。でも雪ばっかりはやっぱ滑るからしょうがないんですけどね。やっぱディフェンダー以上のいい買い物ができていない気がするな。あとは金型の工作機械が高すぎて脳がバグってますね。それは機械本体というか、要は修理代とかが。
――維持費。
坂井　それと年間保守費用みたいなのが本当に意味がわからなくて。金型を設計するためのソフトがあるんですけど、その年間保守費用が10万近く値上がりしたんですよ。こっちはその機械を使って作った金型の部品を数百円ほど値上げしただけで、お客さんからめっちゃブチギレられてるのに（笑）。
――ちゃんとお客さんからブチギレられたりしてるんだ（笑）。
坂井　ブチギレられてますよ。どういうことなんですかね、本当に。だって材料も工具も凄く高くなっているわけですよ。それらは3割くらい高くなってるのに、こっちの数百円値上げなんて1割以下ですよ。それなのにブチギレられちゃうんだから。
――世知辛いねえ。
坂井　世知辛いよ、本当に！　なんでそういうことが起こるんですか！（6秒が経過して）まあ、みんな仲良くやりたいですよね。
――出ました、忘れたことにお得意のアンガーマネジメント。
坂井　そういえば俺、こないだコロナになって1週間家にこもってたんですよ。それで症状がだいぶ落ち着いてきた頃に本を読んだり、NetflixやYouTubeを観たりしてたんだけど、やっぱ本調子じゃないからどれもなかなか頭に入ってこないんですよね。でも『KAMINOGE』は読めたんですよ。
――それはディス？　どっち？（笑）。
坂井　わからないんですよ。本調子じゃなくても『KAMINOGE』だけはめちゃくちゃ読めるの。コロナってかかると強制的に社会から隔絶されるじゃないですか？　だからいっさい仕事もできないし、仕事の連絡も全然来ない。LINEグループも、別グループでやりとりされてるんだろうなってくらいに何も動きがない。そこでラジオも好きだから聴くんだけど、ラジオのパーソナリティの方ってみなさん社会性が高くてちゃんとしていらっしゃるから、なんかそういうのも聴けないんですよ。
――えっ、どういうこと？
坂井　ちゃんとした人にちゃんとした話をされちゃうと聴いてられなくて。だから社会から隔絶されると社会性のあるものが受け入れられなくなるんですよね。だけど『KAMINOGE』って、自分も含めてなんか社会性のない人ばっかだから読めるんですよ（笑）。
――ディス！（笑）。
坂井　だから、あとはM-1予選の動画とかもちょうどよくて（笑）。でもそこでも、ちゃんとピシッとした漫才用の衣装を着て、しっかりとした漫才をやっている人たちのネタは全然入ってこないんですよ。それこそ『Number』のM-1特集で霜降り明星が粗品さんが言っていたように、漫才を微分積分して、ボケの数を数学のようにコントロールし、ミクロン単位で漫才の台本を調整していましたみたいな〝競技漫才〟は観てられなかった。だけど逆に金属バットみたいなオフビートはたまらなくよくて、マジですげえ頭に入ってくるんですよ。クソおもしろいし。
――今回の『KAMINOGE』、金属バットも登場です（笑）。
坂井　えっ、マジで!?（笑）。ほらあ、やっぱそういうことなんだよな。

No 133 KAMINOGE

次号 KAMINOGE134 は
2023 年 2 月 5 日（日）発売予定!

2022年12月15日は力道山先生の60回忌でした。

2023 年 1 月 15 日
初版第 1 刷発行

発行人
後尾和男

制作
玄文社

編集
有限会社ペールワンズ
（『KAMINOGE』編集部）
〒 154-0011
東京都世田谷区上馬 1-33-3
KAMIUMA PLACE 106

WRITE AND WRITE
井上崇宏
堀江ガンツ

編集協力
佐藤篤
小松伸太郎
村上陽子

デザイン
高梨仁史

表紙デザイン
井口弘史

カメラマン
保高幸子
橋詰大地

編者
KAMINOGE 編集部

発行所
玄文社
［本社］
〒 107-0052
東京都港区高輪 4-8-11-306
［事業所］
東京都新宿区水道町 2-15
新灯ビル
TEL:03-5206-4010
FAX:03-5206-4011

印刷・製本
新灯印刷株式会社

本文用紙：
OK アドニスラフ　W A/T 46.5kg